金色晚霞下

（一）

僑窗觀景散文雜萃集

周俊良著

文　學　叢　刊

文史哲出版社印行

國家圖書館出版品預行編目資料

金色晚霞下．一：僑窗觀景散文雜萃集 /
周俊良著. -- 初版. -- 臺北市：文史哲，
民 102.02
　頁：　公分. (文學叢刊；281)
　ISBN 978-956-314-083-2　(平裝)

855　　　　　　　　　　　102001977

文 學 叢 刊 281

金 色 晚 霞 下（一）
僑窗觀景散文雜萃集

著　　者：周　　俊　　良
出 版 者：文 史 哲 出 版 社
http://www.lapen.com.tw
登記證字號：行政院新聞局版臺業字五三三七號
發 行 人：彭　　正　　雄
發 行 所：文 史 哲 出 版 社
印 刷 者：文 史 哲 出 版 社
臺北市羅斯福路一段七十二巷四號
郵政劃撥帳號：一六一八○一七五
電話886-2-23511028・傳真886-2-23965656

實價新臺幣二八○元

中華民國一○二年（2013）二月初版

金色晚霞下
（一）
—— 僑窗觀景散文雜萃集

目　　次

序　言

　　為《金色晚霞下 ── 僑窗觀景散文雜萃集、異鄉感懷集、杏林散論集》三書作自序（老年學寫二十七載）。

　　三十三年前在台灣，剛到達可退休年齡，就和當年的交通部電信總局，說聲拜拜，攜家帶眷來到了這人生地不熟的所謂「外國」。

　　當時號稱華人眾多的法拉盛，所能見到的黑頭髮黃皮膚族人，在十個行人中才不過三兩個，就已經被老外稱為第二「中國城」了。其實這個中國人才佔到兩三成的城鎮，似乎尚不夠格被稱為「中國城」。然而，時至今日，這塊我華人又喜稱之為「發達盛」的馬桶沖洗（Flushing）地上，中國人已經多得不僅可以稱得上「中國城」，甚至簡直像個龍傳人的「殖民」地了。

　　我之所以將其比喻成殖民地，是因為後來陸續來到此地的華人，一落下腳，就一點都沒有已經置身於「外國」的感覺，而倒像是到了國內的某個異地城鎮而已。在這裡，可以吃到中國家鄉菜、說中國話、讀中國報或看中文電視；甚至粗口罵人也會用得上咱們的「國罵」。原來在本鄉本土的一切生活陋習，也都可入境俗隨，肆無忌憚地我行我素。那些國內的土豪劣紳、地痞流氓、惡棍騙徒等，也可寄生在這裡橫行霸道，而且與日俱增

地繁衍著。不管是合法的，還是偷渡來的，一旦進得港來，就無視於「洋人」之存在了。

轉眼間，在這裡已足足過了卅多個寒暑；記得才初來不久，就發現我沒有能耐也沒有資格在這大千世界裡充當寓公。故而到此才三兩個月，就拖著病癒未久的身軀到處去「聞工」（搵工）（粵語找工之意）。回顧當初，由於缺乏在地工作經驗，加上語言溝通不暢，想找到個與原來本行相若的工作，簡直難似椽木求魚。當時，除餐館洗碗工沒敢去碰外，其他諸如為店家站街叫賣、搬運貨物、管理倉庫等，都曾到處去「聞」過；然而，老闆們見到我，比他們還像個老闆；這樣的四處奔波去「聞」的結果，當然是無「工」而返。

斯時，凡本地中文報刊上的招人廣告，都一字不漏地天天盯著看，終於有一天皇天不負苦心人，讓我找到一份「文員」工作；那是在一家西人所開的珠寶郵購公司，當一名騙死人不償命的幫兇。儘管所得工資只比法定最低工資多上一兩成，但我呷到了的頭路（台語，找到的工）還總算是個「文員」。

一面幫兇照做，一面仍然不斷地狩獵著其它工作；不久根據世界日報的報導，倒又聞到一份「文氣」味更濃郁的「助教」工作。此一公立高中雙語教育中心的所謂助教，相當於台灣高中裡的幹事；不過我實際幹的，倒是為該中心將高中數理科英文教材譯成中文的真正「文」員。

翻譯官幹了不久，那位女博士老闆見我年紀一把，且在國內公私立大專院校也曾兼任過教職，現在竟然委

曲至此，實在為我叫屈不已；蒙她啟善心，大力鼓勵我到紐約市教育廳考得了一張可以進教室當猴子王的物理教師執照。當上「教師」，不單待遇要比當「助教」為高，還給我過了一陣子為人師表的癮。

時至 1985 年，由於對這萬花筒般的花花世界已稍為熟悉了一些，復在百分之十的機率下，以高分考上了待遇比較更為優渥的聯邦郵政機構，在 JFK 航郵中心當一名高級電子技術員。自此，山姆大叔又整整養活了我一家老小十年；第二度退休時，已年屆六十又六。

在郵局所擔任的工作，與我原來的本行（通信技術）還算相近，平常輪值（以小夜班居多）時，推著工具箱躲到大型機器後面，聽候呼叫（用無線呼叫器）差遣，去排除各種自動分信機器設備的故障。一天八小時班務內，被呼叫的次數並不頻繁；為打發前半夜空閒時的無聊、孤寂，遂興起伏在工具箱上學塗鴉鴉的念頭。

因為我打從念初中起，到大學畢業的求學期間，所接受的都是有關工程技術方面的教育，對文史課業較少獵及；每當上作文課時，那支筆就有千斤之重。不但自幼所學就是工程技術，畢業後從事的也屬「黑手」（台灣對技術工作者之暱稱）工作。就業後除了偶而編擬些計劃書、工作報告等外，很少有書寫長篇文字的機會。到後來擔任職位比較高時，更只需在公文書上畫幾個諸如閱、如擬、可、准等，官腔字樣就可。爾今要我寫「文章」，那得要從頭自學起。

起初，在我自己研發成功的中文電腦輸入法尚未能付諸實際應用之前，只能求諸紙筆來塗塗寫寫。先將所

識的幾個方塊字左勾右劃地拼成辭句，繼而再串起來構成段落。在短短一篇文章的寫作過程中，往往弄得滿地都是紙屑紙團。要使文字看得順眼，還得一再騰清；若要投稿，更要騰正到傳統式的稿紙上後方能投郵。到電腦能為我「執筆」之後，雖然文章還是寫得沒有什麼長進，但得到電腦的種種優異功能之助，大大地增加了我作文的意願。

　　開始所寫只是些個人的浮生雜記；其目的只是留存自賞，或留給兒女作為紀念，而並沒有去賺幾文稿費的念頭，更不敢有當作家的妄想。稍後，以退休同仁身份，試著向台灣原服務單位的刊物寄去一些「海外通訊」之類的文稿，竟然屢蒙採用，並獲稿酬，由此鼓起我試向本地報刊投稿的勇氣。

　　適逢此時，本社區有個頗具影響力的時報（週報）才創立不久，我戰戰兢兢向其出擊；經幾次試探，竟然讓我進得其門，而成為每週至少一篇的供稿者。雖然稿酬總是掛在他們的帳上，我卻有了一塊可任意栽種的園地。人家八十歲學吹鼓手，未必能識得譜兒；如今我年近花甲才來學塗鴉，當然也不會懂得什麼「章法」。承蒙報老闆寬待並指引，讓我在他這塊園地裡高興得隨地打滾。因園地寬闊，我就什麼題材都寫，不過多以親自所見所聞，形形色色的社會百態為主題；卻很少虛構故事來無病呻吟。

　　該報聲譽日隆，廣受廣大讀者喜愛。稍後，報老闆鑒於社會大眾對讀物之鍾愛與渴慕，逐又增加了一名為「茶餘飯後」的雙日刊，使我這行外的供稿者，也體味

到所謂「趕稿」的情趣。

後來不知因何緣故，該時報突然從本社區銷聲匿跡，我那塊正辛勤耕耘的良田也隨之而去，使我有頓失棲身之所的感受，好不惆悵。多時來好不容易培養成的塗鴉興趣，實在不捨其遽然褪去；為要繼續滿足個人發表慾，就試行另找園主。於是向諸如「海外學人」等其它報章雜誌，甚至網站等投石問路。稍後，單就世界日報的家園版、世界副刊、上下古今、讀者投書或迴響欄等園地裡，也時有小名（或鐵夫、或景亮，或金亮、或本名周俊良）的出沒。

自從年近花甲開始學寫起，到年屆八十的二十多年間，我在電腦記憶體裡灌進的中國字，連傳紀性報導和科技性論述在內，約有近百萬之多。曾在各種刊物登載過的散雜文也毛有四五十萬之譜。其內容大致包括浮生雜記、祖國行腳、僑窗見聞一僑社百態、眾生相、杏壇外記 —— 有教無類、時感隨筆、莞爾集等篇章。有些如我見我聞之類的篇章，分類集合來，可印成供新移民參考的手冊。

三年前，當年屆八十之際，曾想出一本文集作為自我慶生之紀念。但因為篇幅過於龐大，難以容納於一冊。經再三取捨，我只將透過「僑窗」所見所聞的篇章印成初稿，經數算結果仍嫌太多，逐又將未在各報章雜誌出現過的篇章予以剔除，而使篇數減少。

從這本「僑窗觀景」文集裡可見，所有的篇章，都在這二十多年間，曾先後在各種刊物上登載過（在每篇結尾都註有刊物名稱和日期）。經以此原則再篩檢後，

仍有百餘篇之多。編排時將這百餘篇章分成諸如浮生雜記、人世間、僑窗見聞、眾生相、杏壇外記、生活隨筆、感懷記事、以博莞爾、遊踪萬里、街頭巷尾、美國公立中學教育制度種種等類；在同類篇章中又多以刊登日期為其先後。

　　我之所以要選擇被各報刊雜誌採納而刊登過的篇章，一方面可以此限制數量，另一方面認為，既然所有篇章都曾由報章採納登載過，也就增添了印此文集的信心與勇氣。

　　另外，今次《金色晚霞下 —— 僑窗觀景散文雜萃集、異鄉感懷集、杏林散論集》三書之印行，也有點受到外來因素的催化。因為我常在友朋間提起，近來在中文刊物上時常見到有關僑社的新聞、報導、議論、華僑生態乃至子女教育問題等，其中有許多是我多年前，就曾在各報紙雜誌論及過的類似話題。如今此一小冊之印出，也正巧可證明我所說不虛。

　　我原不是個文人，也不是個作家，塗鴉鴉只是我晚年的興趣，文章能見報便是我的滿足。對於出書，我是外行，實在感到惶恐；尚請各位大師、方家和讀者大眾，不吝指正、鼓勵是幸！

　　　　　　　　　　八四老人　**鐵夫**　謹識

第一篇　浮生雜記

老人與青年才俊

金　亮

　　從踏出校門進入社會，已經歷了三十八個年頭，在這段人生最菁華的旅程中，卻常為自己的年齡所困惑，也被世態炎涼的社會對年齡的評價攪得稀里糊嚕。

　　記得在二十六七歲時，大概因為蜀中無大將，被選拔為當地的優秀青年；那時今朝參加紀念大會，明天又是頒獎典禮；拿了獎狀還加獎品，三天兩頭趕場，煞是忙碌，好不風光！陶陶然得連自己都覺得是高人一等的人上人；以為似錦的坦途就為我這「比人優秀」的青年所舖設，命運當然就掌握在我自己的手上；可是社會的另一層面裡，無論是升遷或進修機會，卻因為我的「年輕」一年資淺、閱歷不深而得往後站。俟挨到三十而立之年後，又因為「不夠」年輕而常從與「年輕人」的爭仗中敗下陣來。大概時不我與，社會對年齡價值觀之不斷起伏浮沉，而我的芳齡價值卻始終處於波底。我就這樣推波助瀾地結束了為期廿八年的公務員生涯。

　　「歲月」並不是「不饒」某一個，或某一些「人」。

每一個「人」在這世上經過若干「歲月」以後，就會依循自然規律，在各方面開始衰退；無論身體上或腦力上，都由不得你「不服老」。但由於個人的天賦不同，體質互異，通常對一個人之「老」與否，很難有個界定。不過近年在台灣，對於「老年」與「青年」間倒有個不成文法的重疊交替期，我稱它為 TWI-LIGHT ZONE。當某人因官運亨通，在五十歲當了部長級的官兒，傳播媒體就稱他為「青年」才俊，而大加頌揚一番；假若他幹出「老不修」的勾當，則必在社會新聞版上被貶為「老漢」一條。由此，一個人的年齡一到五十，就可依據本身的前途光景，和祖上所積陰德多寡來將自己做一個「青」、「黃」歸類。如果五十歲尚未與部長結緣，就不該自不量力了。古人說，五十而知天命，其道理大概就在此。

鐵夫八字硬，一個甲子來，大概由於命裡註定，總要處於潮流的波底關係，當年剛跨進社會，像一支嫩芽才冒出地面，就被踩了一腳，從此就橫七豎八地在一些夾縫裡，像野草般不時長出、枯萎，又長出，最多長得像一株長在籬笆外面，發育不良的矮冬青，在未來的歲月裡絕不會再有長成棟樑之材的可能。所以當「知天命」的日子一到，一天不多地就從那依存廿八年之久的園地黯然離開，也從此就與「青年才俊」絕了緣，只巴望將來能當上「部長」的老子或爺爺也就心滿意足了！

來美後八年間，正值坐五望六之尷尬時期，又在這個人老珠黃不值錢的無情社會裡，隨著波底浮沉。青年

人的戰場裡不准我入內，在老年福利制度裡又因我「年歲不足」而不肯放水讓我享受一頓營養午餐，也沒有資格退休領取社會福利而頤享天年。

　　長期在 TWILIGHHT ZONE 徘徊，且越來越與「老」靠近，因而對於社會上老人福利措施十分關切，而且總存有幾分感激之心；尤其最近得悉有兩位年輕俊彥之士葉主任與蔣阿姨在美東時報爲老人開闢一個園地，更使我感激涕零：一時衝動，拿起電話就向蔣阿姨表達充當園丁的意願，但才開始交談，發現自己還要等二個月才有享受狀元樓之營養午餐資格；所幸蔣阿姨善解「老人意」當場破袼准予提早「註冊」入園。並立即封我爲老人園地的「青年才俊」，真又感到了年輕了幾歲，好不得意！特致謝忱。

【美東時報】

1989-02-19

銀髮哲學

鐵　夫

今春稍早返滬探親，其間時有故親好友前來敘舊，確是人生一大樂事。一天，三位高中時代的同學來訪，他們都曾經過滾滾洪流的洗禮；他們的際遇和地位各有不同，有曾任航空界領導者，有曾任人大協會代表的，也有曾風雲際會參加過國家建設的，不過現在都是離休或退休人員。

四個年屆古稀的老朋友中，因為只有我是「建國」時期的缺席者；既然他們來拜訪的是我，我們的話題除了回憶些年少時的「事蹟」外，當然難免要告訴我，這五十年來他們是如何在驚濤駭浪中浮沉倖存下來的。因為這個話題使整個「歡聚」氣氛變得越來越凝重，雪兄適時地將話題岔開，要大家忘懷不愉快的過去，卻追求健康快樂的晚年。他並戲以領導的架式，告訴我們要晚年活得愉快，就應該遵守下列一、二、三、四，四款「教條」，那就是：一個中心，二個基本點，三個快樂和四個忘記。

　　所謂一個中心就是：健康第一為中心；二個基本點就是；要糊塗一點，瀟灑一點；三個快樂就是：自得其樂，知足常樂，助人為樂；四個忘記就是：忘記年齡，忘記疾病，忘記得失，忘記恩怨。

　　大家聽了雪兄這番開示後，不禁開懷大笑，連連稱是。這四款教條看似戲言，但如果真能遵守做到，必能渡個愉快晚年。

　　說實在的，不論年紀大小，如果失去健康，談什麼財富、前途都是枉然；何況年老了已經不必再為發展事業、求取功名拼搏，所追求的就是「安渡」晚年，「安」的首要條件就是「健康」，所以老年人的生活應以健康為「中心」。

　　第二款的兩個基本點，是糊塗一點和瀟灑一點。凡事要睜一眼閉一眼，裝得糊塗一點，免得傷神；而且要糊塗得灑脫，才不會斤斤計較或凡事耿耿於懷而有害身心。

　　當年在青年守則裡有一條，「助人為快樂之本」，鼓勵人們要幫忙別人就會得到快樂；老年人雖然能以助人的種種能力減退，但仍應以「助人」來取樂；尤其年長者，除了要懂得知足常樂，還要自得其樂，這樣就會樂、樂、樂三樂齊會，享受無窮之樂。

　　如果我們能保有健康的身體，過得糊塗且瀟灑一點，再加上不斷追求三樂，心裡必得終日喜樂。

　　最後講到四個忘記，就是要忘記年齡、疾病、得失

和恩怨。一般老人所以之樂不起來，就是忘不了這四個，或其中幾個「不了情」。

有人才年華六十，就自許年老，整天將「老之將至」掛在嘴邊，以致不知不覺顯得彎腰駝背老態龍鍾，將健身、旅遊等在內的吃喝玩樂一概拒於門外；甚至準備起後事，而等待著死神的來臨。

有病在身固然不容易也不應該忘記，但要是終日疑神疑鬼，總覺得病魔纏身，大限已近；這樣會導致自己無病呻吟，了無生趣，家人也會陪著你成天惴惴不安。

人的一生勞苦奔波，為的是如何有所「得」，和如何防止有所「失」；終年拼搏是為得失，念茲在茲的也是得失。一般人就是為了得失，付出了一輩子的心血，甚而個人的健康乃至生命。如果到了老年還不將過去、現在和未來的得失割捨、忘記，他的晚年必定會過得很辛苦。

雖然人生旅途才短短數十年，但在邁入老年之前，每個人都或多或少結下一些恩怨；每當想起這些恩恩怨怨，總難免使得情緒起伏不平。但是到了年老，如再不將恩怨忘懷，就等於在晚年生活中自尋煩惱。

如果我們老年人不能將年齡、疾病、得失和恩怨忘懷，在心理上會充滿恐懼、沮喪、憂愁、懊惱和怨恨，這對健康只會有害而無益。

從以上四款的十項勸勉中，可以明白的看得出來，一個人如要能「安」渡晚年，其實只有「要」與「不要」

兩個原則；要的當然是喜樂，不要的則是憂愁，也就是洋人所說的[DON'T WORRY, BE HAPPY]。因為在聖經的箴言書中說：「喜樂的心，乃是良藥；憂傷的靈，使骨枯乾」，但願「老」朋友們互相勉勵，共同來追求有顆喜樂的心，而不要讓你的靈憂傷，才能使你的晚年過得安康愉快。

【世界副刊】

1999-08-11

金色晚霞更引人

鐵　夫

讓年長者的才華再次生輝

不要讓他們感到孤獨無用

　　這是洛城博愛互助會總幹事王松桓先生利用中文電視節目，為著老人，向大家發出的信息（大意如此）。對年長者而言，無疑產生了令人振奮的鼓勵作用，也激起一般大眾對老年人的關懷與幫助。

　　顧名思義，該會的宗旨在於對老人的互愛互助。我既已坐六望七將近五年，當已歸屬老人族。與其將來會落得自嘆孤獨無用，不如趁現在還耳聰目明的時候，就加入這個互助行列。

　　我本來只是個庸碌平常之人，沒有什麼才華可以再次生輝的，然而我所創製完成、且已付諸實用的「周氏中文電腦輸入法」倒是可以拿來拋磚引玉，作為「互」助的禮物的。

　　當時我認為，許多年長者不是因為視力衰退、握筆困難，就是因為寫字感到吃力，而無法從事文字工作，以致妨礙了他的才華再次生輝。然我所創始的輸入法恰

可協助年長者用「按鍵」代替筆來「寫字」，同時因爲此法之簡單易懂，比任何其他方法都來得適合老年人操作寫作。經過反覆思考，既能爲老人作些貢獻，何不及時採取行動呢？於是根據王先生電視上所提的電話號碼，就與他連絡上了。

　　我們在電話上居然一談如故，由此瞭解到更多有關博愛互助會的情況。王先生本身就是一位年近七十的長者、基督教的牧師，然而服務的對象並不限於基督教徒，由此使我更感染到主耶穌對世人的博愛精神。

　　王牧師對於我能提供協助年長者用「按鍵」代替「筆」來寫字的服務，深表歡迎。可惜我平常身在紐約，很難找得到去洛城的機會，非但對那邊需要協助的年長者做不到實質的服務，就連對王牧師本人也無以作現身說法的示範。

　　五月間要到上海省親是我老早預定的計畫，至於是否要在回程時暫停 LA，藉以探望一下已一年不見、在哈仙崗傳福音的大兒子夫婦和那寶貝孫女，因爲要多花些錢，一直在猶豫不決，但想到也能藉此與王牧師見到面，就毅然決然地肯定下來了。當我在電話裡把將要在六月下旬去拜訪他的決定告訴他的時候雖然在電話裡看不到他的表情，但從傳來的聲波裡感覺到他的興奮。他在「好啊！」一聲後面緊跟著一句「你來，我請你吃飯。」這是咱們中國人表示最肯定且熱誠的邀約，我就將與王牧師的相會列爲必要旅程之一了。由是之故，在大陸四

個星期旅遊中，應該多接觸些有關老人福利的事物，有意無意間變成了我應有的負擔，總想能帶回一些有關信息，獻給即將見面的博愛互助會總幹事王牧師。

正巧，從抵達重慶的那天起，一直到返回上海的十來天當中，陪伴我們的是接近古稀之年的連襟張以懷先生。他原是造就名徒的小提琴家，也是重慶市著名市招書法藝術家，還更是重慶市老人合唱團的指揮。因為他桃李滿天下，所以人稱他為張老師。和這樣一位「老」人同行，就不愁沒有「老」話可講、可聽。下面就是我用手提式中文電腦即興記下的「老」事兩則：

一天，我們請他陪同去拜訪一位內人已四十七八年未曾再見的中學時代同窗閨友，因為大家年齡相仿，談的難免多是「老」話。當他們談到這四十多年來，在大陸上生不如死的日子時，彼此不勝唏噓。然而她現在過的，卻是令人稱羨的退休生活。雖然連她自己都也滿足於這種優渥的物質生活，但她總覺得幸福來得太晚，尤其令她無奈的是，來日無多的感慨。說著說著，她竟情不自禁地哼著：「夕陽無限好，可惜近黃昏」！

頓時使得包括她先生在內的五個老人顯得十分惆悵。我那連襟到底是藝術家，一看氣氛過於趨向沉悶於是就對唱道：「日出日落皆美麗，金色晚霞更引人」。

在我拍掌稱好之下，這適時、恰當且自我安慰的讚詞，一時間使我們五老人個個都自覺得是個迷人兒了。

第二件值得一記的「老」事，是在從重慶到南京的

長江輪上。

　　在長江客輪上，兩人一間的二等艙就是最好的艙位，平時不是有相當職位而由單位備函，即使有錢也是一票難求的。我們是外來客，幸虧在重慶當地有相當的關係，才煞費週章弄到三個二等艙位。我夫婦住一個房間，連襟張先生則與一位戲劇工作者在隔鄰合住一間。這位戲劇工作者之所以能坐到相當於頭等艙的艙位，是因為他是國家級的「一級演員」，才有資格受到這樣禮遇。我之所以要對此作特別的介紹，是因為所謂的一級演員，實際上要達到普受尊敬的藝術家層次，才能稱得上為一級演員。

　　一級演員任廣智先生，雖比我連襟略小上幾歲，但兩位到底都是藝術家，且看似一對表兄弟，四天四夜同舟航行中（任先生的終點是上海，我們則在南京下船），好像一見如故，談個沒完，因任先生好客而健談，我也就常去串門子，聽他們擺龍門陣、談戲劇和音樂。一天談到重慶老人合唱團，連襟在我要求下，高歌了一曲他們的團歌。他並且為我逐字朗誦了歌詞，以便我隨手用攜帶式的手提中文電腦將之記錄下。重慶老人合唱團團歌歌辭是這樣的：

　　　　誰說我們已經衰老，
　　　　嗨！戰士的青春永遠年少，
　　　　額上的皺紋是生命的波浪，
　　　　頭上的白髮是一篷春草，

青春的火焰在燃燒，

你看哪！晚霞和朝霞一樣美，

不老的青春永遠微笑。

歌唱吧，歌唱吧！

老戰士，光和熱獻給祖國人民，（註）

歌唱吧，歌唱吧「不老的戰士奉獻的鮮花開遍人生大道。

（註：我想改為「全球人們」更為恰當）

在從上海回紐約途中，路經洛杉磯，與王牧師相會，除要照原定計劃向他展示「周氏中文電腦輸入法」外，就是要將以上這兩老人對唱的句子，和那老人合唱團團歌歌詞獻給他，也許更可以增加博愛互助會的光和熱。

當我對王牧師父女（燕英小姐是其父親王牧師的忠實追隨者，並且是王牧師最得力的幫手，願上帝祝福她的全心奉獻）介紹完我的中文輸入法後，我就從記憶體裡將這兩段「歌詞」顯示在屏幕上給王牧師看，他看了當然很讚賞。可惜當我要將它們變成白紙黑字留給他時，發現因為印表機程式不合，而未能如願以償。

現在我願能藉此機會印在報紙上，讓王牧師看得到，也讓天下所有的老人都知道，咱們奉獻的鮮花已經開遍人生大道，落日的餘輝還是照樣可以在大地上照耀。

（紐約）

【世界日報】

1993-08-31

退休、體檢，自找麻煩？

鐵　夫

　　時下一般迷信的說法，年近花甲，只要還能工作，就不要輕言退休；只要健康如常，也不要作身體檢查，否則會無事生非，自尋煩惱。

　　其理由是，退休後，生活步調會與以前迥然不同，一旦變得終日無所事事，容易使人生病、老化，甚至加速死亡。至於體檢，如果身體健康如常，不去檢查，倒還平安無事，往往一經檢查，就可能會檢查出毛病，而無端造出大麻煩。

　　去年下半年，我甘冒不諱地犯了這兩大禁忌。不單自七月一日退了休，還在不到半年內，也作了身體檢查。結果，居然真被檢出毛病，而且還是致命的肝癌，這可真應驗了他們的說法。

　　然而，因為我退了休，才有時間去作體檢，也因為體檢，才在毫無徵狀下，無意間發現肝上長了惡性腫瘤，也即肝癌。幸虧體檢，才及早發現到肝癌，而且趕快割治，否則後果就不堪設想。一般以肝癌來說，有了徵狀

才去發現，就為時已晚。所以退休、體檢，對我來說，非但沒有給我帶來煩惱，反而將我在毫無警訊中，從死蔭幽谷的門口牽引出來。

當我剛年滿五十，就從台灣提早退休。次年來到美國，先是在公立高中做事、教書，不久，就進了美國聯邦郵政機構電腦分信設備的技術部門，轉眼間，又整整幹了十年的電子技術工作。因為美國郵局沒有退休年齡的上限，所以當我二度退休時，已經超過台灣強迫退休年齡的六十五歲，一年又二個月了。

在這之前兩三年，我就有退休的打算，但諸親好友都力勸我不要退。大家認為，郵局既沒有年齡限制，工作又輕鬆；身體狀況也還好，就當它是晚年消遣、活動也好，何況還有四五萬的年薪可領，實在不宜退休。

有些還危言聳聽的忠告說，若是一旦退下，除了遽然變成只靠社會退休福利金（因為在郵局服務年資淺，每月從郵局領得的退休金，扣除醫藥保險費後，只有一百多元）生活外，退休還會惹病、催老，甚至加速死亡。尤其當他們不時舉出許多熟人實例，以證明他們所言非虛，確實令人生畏、猶豫、卻步，因而我也遲疑了一年多。

但是，後來我想，一個人晚年無多，要趁身體還算硬朗的時候，多作些旅遊，並且常要去探望遠在上海、年將九十的高堂老母。如果不退休，每年總因假期無多，而受到限制。再說，往後年事再高，對遠程旅遊，也許

就力不從心了。

另外，十年來，我一直在利用業餘時間，從事多年的中文電腦輸入法研究工作，這項工作往往都放在下班以後的後半夜去做。如果我退休，就再不必成年累月去熬夜到破曉。因此，我終於甘冒不諱，毅然在去年七月一日退休了。

既已退休，就立即進行金秋季節到上海省親的既定計劃。原來，由於再沒有假期限制，預定在大陸停留個把月後，再到台灣一趟。但也只不過打算一共離家五十來天，預備十一月中旬就可回來。然而鑒於在台辦事的進程無法掌握，故回程機票未予定位，為回程的時間留有彈性。

我們到台灣主要目的，是要恢復戶籍，所以在抵台次日，就在老表陪同下，前往戶政事務所辦理有關事宜。由於申請補發身份證出奇的順利，又在好奇心驅使下，到區公所申辦台灣才開辦不到半年的全民健保，並立即取得了健保卡。

其後有一天，和一位在中華醫院駐診，多年至交摯友黃大夫聯繫上，他約我夫婦倆到他家做客吃飯，並給他講解中文電腦輸入法，以實現許久前所許諾言。在席間，從我不會喝酒，卻每天為了防止腎結石發作而只喝點啤酒談起，還談到我夜裡小解次數頻繁，而懷疑到泌尿系統有問題。當時他問清我已握有健保卡，就約定次日到他醫院去掛號門診，好讓他仔細為我診查。門診時，

因有多項檢驗要做，同時他知道我下塌之處也並不理想，所以就建議我索興住進他醫院檢查。

檢查結果，發現肝上正有惡性腫瘤在成長。這是致命的癌症。但是，大禍既已臨頭，慌張也無用，要緊的是應該要怎麼辦。經過一番討論後。由黃大夫親自將我送往醫術、設備均屬第一流的榮民總醫院；見過副院長和外科部總主任後，經院方安排，住進了榮總。經過數天的繁複檢查與準備，終於動了手術。

由於發現得早，在癌細胞尚未擴散之前，就予以割除，所以手術非常順利成功，而且未留下任何後遺症，恢復得也很理想。

因為我退休了，才在旅途中有時間去做體檢;住院開刀時，再不必為請假而煩心，養病期間也不致為了何時要去上班，甚或勉強自己去工作，而影響到身體的復元。

感謝主，因為我退休、體檢，祂才將我從險些進入的死亡幽谷門口領了回來。

因此，我要在此奉勸各位，不要再諱言退休，也不要迴避體檢。

【世界日報】
1996-05-04

寫給二十歲的我

—— 母校怎能不愛

周俊良

　　現在，離開你二十歲那年已經五十八個年頭了；在這將近一個甲子的歲月裡，你一直活在悲歡離合的浮生夢中。因為年代已久，也許其中顛沛流離、酸甜苦辣的點點滴滴已經不復記憶清楚，但在二十歲那年所發生的大事，總該尚留有深刻印象，因為那年是影響你一生的轉捩點。

　　記得在你二十歲的兩年前也就是民國三十六年，內地學潮迭起，整個社會動亂不安，藉著找個安定環境負笈為名，逃婚為實，遠從上海飄洋過海，離開溫暖的家庭，隻身到達二二八事變甫過不久的台灣，進了當時剛由台南工學院正名為台灣省立工學院（即現成功大學的前身）的學校。

　　它是南台灣的最高學府，是個健全而理論與實際並重的工學院。在校學生每年暑假必須由校方推介到各相關的工業界去實習。你因思鄉心切，在三七年的暑期，

申請派往上海的中央電工廠實習。那廠離老家只須步行
二三十分鐘就可到，同時廠方還發給實習津貼，是個令
人非常嚮往的實習場所；所以在實習完畢回台南之前就
和廠方約定，明年（二十歲的那年）還要再來。回到學
校不但立即向校方報備，並著手作明年再去那裡實習的
準備。同時也引起其他也來自內地，電機或機械系同學
們也想去中央電工廠實習的極大興趣。

民國三十八年初寒假過後，下學期開始不久，即積
極為再回上海實習作準備，家裡也為你的會回滬實習而
作了若干按排，諸如要到家鄉探望年邁的老祖母，或走
訪些許親友。在這個時期，每天都會跑到圖書館去閱覽
寄自南京或上海的報紙；一方面不斷注意著有關「毀婚」
的法律問題問答欄（希望不要因為你的「逃婚」而造成
父母在法津上的困擾），另外就是國共間的內戰情勢，
因為那會影響到你能否回上海實習的行程。

時至三四月間，發現時事版中所登載的有關局勢消
息，越來越令人忐忑不安，其中將你要再回上海實習的
難度逐漸升高。到四月間連續讀到中共發動全面攻擊，
並在荻港渡過了長江，繼而迫使國軍在四月廿三日撤離
南京等等的消息，將你再回上海實習的願望全盤幻滅。

由此你個人固然很自然地避免了一場婚災，全民卻
陷於一場史無前例的赤禍。你由一個不知天高地厚、無
憂無慮的學生，遽然變成一個有家歸不得，而沒有了經
濟來源的流浪兒。幸蒙學校及時向政府請命，將你們這

批人比照隨政府來台的流亡學生，每月發放救濟金，並得以免費繼續在學校住宿；你才得以繼續學業，繼而畢業、就業。

　　政府的這種大恩大德叫你怎能忘懷！這樣的母校你怎能不愛？

【大紐約成大校友會通訊】
【大紐約成大校友會網站】
【大紐約成大校友會 07 年刊】

第二篇　人世間

麻將打死人啦！

金　亮

　　筆者甫自上海奔喪回來。正嘆惜大哥之死，竟是死於「麻將」之際，忽然見到報上一則標題爲「洛城華裔婆媳遭勒斃，因討賭債而起殺機」的新聞，特別覺得耀眼突顯，怵目驚心。

　　該案兇嫌雖然並非在「麻將」桌上，因扣張，盯人而活活將人氣死、急死，也不是當場起爭執而殺了人，卻是因索催「麻將」賭債遭譏諷，萌起殺機而致白白送掉婆媳兩條性命。他自己也被恢恢天網隔洋罩住，而落得生死難卜。

　　多年前在台灣時，我連襟的大姐，因打「麻將」輸得債台高築，債主催逼過急，卻又無顏見其公婆與辛勤操勞的丈夫，就拋下年幼子女投河自盡了事。

　　以上兩宗「典型」命案，雖均非「麻將」所「殺」，卻爲「麻將」所「害」。

　　「麻將」雖非直接兇手，卻確是禍首。我大哥之死，也並非被「砌城牆」的「磚頭」所砸死，但千真萬確的

是，因「搬」「砌」過度，而導致自己加速身亡的。

　　我大哥是個念過書的「小開」，解放後，就再未過到一天安寧日子。一個手無縛雞之力的「資本家」，成天要低頭「認罪」、念毛語錄。白天要扛貨挑煤勞動，經過漫長歲月，人的尊嚴固然喪失殆盡，身體也已被折損得可以。所以一到具有「退休」資格，就立即「自願」報廢；稍後，雖得「平反」而被允「復出」擔任較輕鬆之管理工作，然因餘悸猶存，寧願吃飯無菜，也不願再去觸景生情，徒增感傷。於是才五十出頭，就自「甘」列為由「國家供養」之「退休工人」了。

　　時至八十年代初，大哥年紀仍僅五十四五，然退休數載下來，實在「閒」得無聊，只好在當時「極有限」的活動空間，偷偷摸摸找搭子，搓「麻將」，以殺時間。其時「搓麻將」雖仍屬被禁之賭博行徑，但已視為「告訴乃論」─若無人「告發」，再不會有里弄幹部前來要玩者四人，一人一桌腿，抬著麻將桌遊街，或派人輪番上陣陪你玩個痛快─叫你「五體投地」方始休；何況大哥志在消磨時間而非賭博，一場輸贏總不會超過人民幣一元，就可打發，既不傷大雅，又能舒暢身心，倒尚堪戲稱為「衛生」運動。

　　稍後，「自由」尺度有所放寬，國粹「麻將」也逐見「平反」抬頭，無論你退休與否，只要三不缺一，就可拉開桌子游起泳來；如果鬥志不減，且不影響鄰居安寧，即使通宵達旦，也不會有人過問、報警。上小夜班

的，上午打；上大夜班的，下午打；白天上班的則在夜間打；大哥不上班，就成為這三班人馬的最佳湊搭對象。往往上午就有了成人之美的「義舉」，下午不能不給另三人情面；到了晚間又怕因缺他而壞了其他三人的「好事」。尤其在他身上多少還可嗅到幾許美鈔味（自八十年代開始，我常寄錢給他零用補身體），更不能拒人於千里之外。可憐他就這樣常年累月，在九對一的情況下，全天候打得昏天黑地。睡不好，吃不飽（開水泡飯，扒上三口就上桌）；加上自己吸入的一手煙以及牌友與至少四位觀戰者之二手煙，將他原本就不太結實的身體，摧殘得頻頻示警。

　　近年他身體時有不適，總以「老毛病」視之。雖曾幾番就醫，但每次都頭痛醫頭，腳痛才醫腳，而從不願到醫院作徹底檢查。他並不心痛醫藥費（其實是國家免費的），而是不肯犧牲掉打「麻將」時間。尤其令他不敢面對的，是怕被查出所患為「必須減少打麻將」的病……。如此這般，一直到去年歲末臥床不起，才放棄繼續「築牆砌磚」。年前肚脹作痛，想到要去檢查，但時值年關，既非急診，就無人理會。挨到正月初五，醫生銷假回院，才得徹底檢查。當天醫生告知家人，他已病入膏肓，所得為末期肝癌，最多只有兩個月存活時間云云。

　　家人以越洋電話通知我時，彼岸已是初六午間，美東時間卻仍是初五深夜。這晴天霹靂的消息，怔得我不

敢信任自己耳朵。但又不能不接受這是事實！因為在這之前毫無徵兆（他的廢寢忘食打麻將，也是家人在事後敘述他「生平事蹟」時才知道的）當然更無心理準備。隔岸乾急無用，立即趕辦手續回家，希望尚能見上一面，或許還能為他做些什麼。趕忙間覓了些良方成藥，兼程趕路。從開始辦理簽證起，前後才不過十一二天，不料當我跨進家門時只見他已肚子脹得鐵板似的躺在門板上。我透過晶瑩淚珠見到了他，他卻未予理會。據說他曾每一小時地計算我的到達，但他卻錯算了一天。也許正如家人所說，他是因為怕我「罵」他，就趕緊在我抵達的前一天，來個緊閉雙目，充耳不聞了。卻不幸造成了我兄弟手足天人永隔！大哥，您安息吧，我不會「罵」您的了，因為那已為時太晚矣。

【美東時報】
1991-04-28

大哥之死與其遺產

── 當　票

鐵　夫

　　正月春初滬電通，驚傳長兄肝病重；趕辦手續兼程奔，一日之差瞻遺容；八四高堂送黑髮，寡嫂喪夫倍悲慟；喪事辦完回美來，全身疲乏心沉痛。

　　以上這幾句打油詩，是我在九一年寄出聖誕卡時，向親友們報導當年春季的情況。茲值九四年春節又即將來臨之際，由此勾起我對大哥的無限思念。

　　大哥才長我兩歲多，去世時剛過六十四歲生日不久，在醫學發達、而生活條件已大為改善的今天來說，實在去得太早了一點，尤其讓一直依靠著他安度晚年的白髮老母送了他的終，更是存歿都所不願者。但他畢竟還是手捧著聖經，撒手人寰，被接到天家去永息主懷了。

　　那年農曆年後他的病重消息傳來，我與妻立即在此覓購了些治肝「仙丹」兼程奔回，希望至少尚可見上一面。飛機抵達上海虹橋機場，走出通關大門，一眼就看

到幾個來接我們的晚輩們等在外面。在他們的擁簇幫助下走向近在咫尺的麵包車，雖然一身疲乏，心情沉重，舉步維艱，還是一個箭步就躍身上了車。上得車來首先迫不急待要知道的當然是大哥的情形，回答我們問題的是，我們的侄子、大哥的獨子·其他幾人雖然並不那末愁容滿面，但始終保持著沉默不語，我們認為是一個病重人的家屬必然現象，不疑有他。在與侄子問一句答一句的對話中，似乎覺得大哥現在在家裡，雖然痛苦難熬，卻知道我們已在途中，故在分分秒秒巴望著我們的到達，但也警覺到有隨時嚥下最後一口的可能……。講到這裡我一面暗暗責怪侄子，他是大哥的獨子，豈可在他父親隨時會斷氣的情況下不在父親跟前，另一方面卻倒也給了我些須寬慰，我想兒子既能離開他這麼久來接我們，似乎還有讓我們兄弟倆「敘舊」「話別」的希望。

　　借來接我們的麵包車司機，因為是熟人，知道我們著急的心情，車子一經發動就加足馬力，走捷徑抄近路，在夜幕低垂的大街小巷，風馳電掣地直奔虹口而來。

　　縱然比前兩次也是從機場到家裡要快了很多，但一路上還是心急如焚，頻頻讀秒，恨不得一步就到。當車子繞過吳淞路在外白渡橋下第一個街口停下，就急著魚貫下車。妻在前我在後，當我正注視著車上的台階，只聽得妻一聲哀號，接著就嚎啕大哭起來，我被這突如其來的哭聲震懾得不知所措，也不知發生了什麼狀況，急忙跳下車來幫忙攙扶住已呈半癱瘓的妻，一方面安慰著

她，一方面想知道她爲什麼會如此「激動」。當我站穩且順著她手指的方向望去，看到在馬路對面，燈光昏暗的巷口站著幾個等待我們的人，原來是妻眼尖機靈，看到其中的二偟女婿手臂上戴著黑紗，就知道我們在回家的路上被侄子他們強作鎮定的神情瞞騙了。無疑的，大哥已走。這半夜裡的劃空嚎哭，驚動了整條巷子，鄰居們知道大哥的親弟弟和弟媳婦從地球的那邊奔喪來了。

我倆頓時悲慟得天崩地烈，都在晚輩們的扶持下才跌跌衝衝進得的家門，大哥他卻躺在下面放著大冰塊的門板上等著我們。我們透過不停的淚珠模模糊糊看到了他，但他未再對我們有所回應。就這樣，手足關係整整一個甲子、實際生活在一起卻才短短十五載的兄弟，天人永隔了。

我倆手足情深，他雖受盡後期肝癌折磨而力求早日解脫，然而當他得知我夫婦正日夜兼程奔回，他強忍著無比的痛楚，等待著我的到來。先是一天一天計算著我們的旅程、估量著我們的到達時間，繼而時時刻刻向家人打聽時間，到後來幾乎分分秒秒都在盼望能與我見到最後一面，但不幸的是，他大概沒有將東西兩半球的時差計算得準，就在我抵達家門的先一天，按照他自己心中的時鐘，過時不候地合上他的雙眼了。

他的亡故，雖不能說是英年早逝，但也絕非老成凋謝。究其近因固然是被病魔所折，若真要追溯以往，卻爲曠世魔王所害。自從「新中國」開國以後，才二十幾

歲的「小開」就被列爲黑五類資本家，加上因我之在台灣導致他有國特之嫌，而成了無止無休的鬥爭對象。經過將近四十年的無情折磨，當年英俊有爲的他，猶如驚弓之鳥，終日生活在極度驚駭恐懼之中。當年上有年邁雙親，下有妻室和成群兒女要照顧，雖在這種暗無天日的鐵幕下，仍由不得他爲求解脫而一走了之。他只得苟延殘喘，苟且偷生下來，真到了所謂求生不得求死不能的境地。

在其間，非但像一般人一樣失去了基本人性的尊嚴，那「三年自然災害」，將從來身體健康且飯量較大的母親和他，更是餓成變了形的兩個人。在這種營養極度不良、成天在當家幹部們（多屬當年自家工人）的「鞭策」之下，損挑煤塊，早晚還要當眾站在門口低著頭迎接、目送上下班的當家工人進與出，或站在毛像面前俯首認罪。這樣成年累月絲毫得不到「休」與「閒」，豈能不「積勞」成疾？他能存活下來，而終於讓我們兄弟在前三年見上了兩次面，算是上帝的慈悲與恩賜了。

喪事辦完，老母與寡嫂的情緒稍見穩定，我因爲假期關係也該回紐約上班了。在我啓程返美之前，侄子強忍著喪父之痛，要整理大哥的遺物。明知大哥不會有值錢的物品遺留下來，但想看看有沒有什麼可以給我們帶回來作爲紀念的。侄子花了將近半天的時間，發現大哥身前一貧如洗，一無所有，在他的「遺產」中，除了幾塊我們寄給他零用、他卻留作麻將老本的美金外，就是

幾張「當票」。這幾張當票上面所標的日期在一九六二年到一九七五年之間。其實這些並不是舊社會時代的所謂「當」票，而只是公營舊貨店在收買舊貨時，所出具的憑據。何況即使是當票，事隔這麼多年，也早該流當而就無處可贖了，所以這些「當」票絕對已經變成分文不值的廢紙。大哥為什麼還要視為絕無僅有的「遺產」，將它們和當世最「貴」重的「美鈔」放在一起，當時大家都覺得不可思議。經過逐張檢視才發現，在這十幾張「當」票上面都有他的親筆註解，記載著每件物品脫手出賣時的辛酸史。當我讀完這些故事時，我已心酸淚滿面得不可自己，簡直不敢相信當年這段路他是怎麼走過來的？同時也意識到當年數以億計、像他一樣的人們過的是怎麼樣的日子！！

　　這些「當票」非但不是廢紙，簡直是留給下一代的無價之寶。我要侄子立即拿到外面去複印一份給我帶回作「紀念」，同時要他當作寶貴的「遺產」，好好妥為保存起來，以傳後世。以下就是幾張典型的「當票」內容和其註解。

　　在大哥死後發現的這些「當票」，是用一個牛皮紙信封裝的，上面寫著：「內：多數是寄售衣服及其它生活用品的收款單。生活困難的滋味是說不出來的，只有酸辣苦，就是缺少〔甜〕，留讓孩子們看看也好。」

　　現按時序，將它們逐一編號列出，以作為對亡兄去世三週年的紀念。

1.日期：六二年六月

品名及價款：品名未詳，壹件，五元

大哥手註：

正面：困難之時，無語問蒼天。

背面：周培珏（其三女）今年才三歲，她會拖木鞋了。

周培珍（其二女）今年五歲，那更不用說。

周培麗（其長女）今年九歲，一雙三角柒分的木拖就是她的。

筆者按：壹「件」（可能為一批）品名不詳的寄售品裡，可能有其長女的木拖在內。

2.日期：六三年三月

品名及價款：上海牌手表一只，八十五元

大哥手註：

（1）在六一年買手表時的發票上寫道：「用了幾天就賣掉了，因為家中要買小火表（按：電錶）」，並寫❖：「周德康（生了三個女兒以後的唯一兒子）出生的當年」。

（2）在六三年委託賣出時的單據上寫道：「因計劃要買壹只電度表，實在經濟困難，只好將壹只上海牌手表由寄售商店出售求現」，並寫道：「周德康兩歲整」。

（3）復在裝火表的發票上寫道：「賣掉一只手表，是裝小火表的，不知到什麼時代再買手表啊。」

筆者按：這隻手錶可能是他慶祝喜得麟兒而購的，

到出售時已時隔兩年，還說只用了幾天，可見平時是捨不得戴用的，要不然是因爲得來不易，兩年舊的表還當作新品。從以上的註釋中，可以看出大哥是如何忍痛「割」他所「愛」的。

3.日期：六四年四月十一日（按：當天筆者正在台灣基隆慶祝結婚十週年）

品名及價款：壞卡（其）褲，一條，三元

大哥手註：因孩子的學雜費要緊，只好把一條僅存的壞長褲賣掉，實在別無辦法。

4.日期：六五年七月

品名及價款：

（1）舊 x 布褲 8 條，八元

（2）舊短褲 1 條，一元四角

5.日期：六五年十月（以大嫂名義賣出）

品名及價款：舊黑女皮鞋，一雙，三元五角

大哥手註：困難！

6.日期：六五年十一月

品名及價款：

破小人衣褲，十二件，五元

蘭卡棉列寧裝，一件，二十元

大哥手註：困難

7.日期：六六年六月

品名及價款：

（1）x x 灰布衫（短袖），三元

（2）ｘｘ卡中山裝　上裝，五元五角，褲，五元

大哥手註：「典當」沒有了，唯一的辦法送舊貨商店去寄賣，13.50 也可以維持幾天生活。

8.日期：六六年十月

品名及價款：

（1）破花布小棉襖，二元五角

（2）黑布中人棉褲，二元五角

（3）破小棉褲，八角

大哥手註：一九六六年十月二十三日起我家中生活最最困難的日子，四個孩子尚小，年老的人已不能繼續工作，二個老人拿極微小的生活費用，真所謂度日如年呀！

9.日期：七一年六月

品名及價款：壞衫，二件，一元三角

大哥手註：家庭生活最困難的時期，借貸無門，值得留念。

10.日期：七五年三月

品名及價款：不詳（字蹟不清），一元二角

這些發票原來紙張粗糙、字跡潦草，經低質複印後更是模糊不清、閱讀困難，寫作本文後半段的這幾張「當票」時，因要邊「寫」（其實是用電腦打字）邊讀加揣摩，甚感吃力。至於大哥手註部份，倒是字字清晰且蒼勁有力，讀來歷歷在目，寫來本當輕鬆愉快，但當細讀並逐字研究其內容時，叫我這個當年逍遙「法」外的胞

弟握筆爲文，簡直一字一淚，幾度唏噓得難以爲繼，當我勉力寫完以上一段時，旁邊的 TISSUE 已經被我揉成一堆濕紙團了。

走筆至此，本應就此結束打住，但突然又想起那天大哥入殮時，他原來的工作「單位」代表前來公祭，在他靈前所朗誦的祭文，不由得叫我啼笑皆非，並立即化悲痛爲憤恨而不能自己。祭文是這樣寫的：

「同志們：

今天我們懷著沉痛的心情，到這裡來參加周ｘｘ同志的追悼會。周ｘｘ同志生于ｘｘ年ｘ月ｘ日，死于ｘｘ年ｘ月ｘ日，享年六五歲。周ｘｘ同志在舊社會，深受三座大山（註）的壓迫，吃不飽，穿不暖，過著牛馬不如的生活。解放後，進入了上海市ｘｘｘｘ公司當工人，在黨的領導下，周ｘｘ同志勤勤懇懇和廣大群眾一起努力工作，直到ｘｘ年退休。今天，周ｘｘ同志離開了我們大家，但他永遠活在我們心中。」

註：所謂三座大山，據告指的是封建、帝國和官僚買辦。

一個當年在「封建、帝國和官僚買辦」的舊社會裡，過得牛馬不如的小開，身後居然受到如此「隆寵」與「褒揚」，如他在地下有知，不知會作如何感想？！

【世界副刊】

（本文後半段當票部分 ── 大哥的遺產，當票）

1995-01-23

特別的一天

── 絕處逢生

鐵　　夫

　　一九六五年一月十日夜裡，在七萬呎的高空，只見皎潔如晝的一輪明月高掛在天空，想應該是陰曆臘月初十左右吧。

　　他駕著 U2 在內蒙古上空執行偵照任務，正在如往常一樣，向著大地景物照相時，突然聽到轟然一聲，並見到一團火光在附近閃亮，同時覺得機身已被彈片擊中。雖然尚未爆炸，但機艙已呈一片漆黑，立刻意識到座機已經受到重創；於是很自然地告訴自己，應該立即跳傘，否則就會人機俱毀。

　　霎時間做了決定，一扳下降落傘的拉桿立即被彈出了機艙，他也隨即失去了知覺。在幻覺中似乎進入了一種動盪不安的夢境，耳朵裡聽到的只是一些不能成為資訊訊號的嗡嗡之聲。待他醒來，發現自己懸繫在降落傘下面，在高空隨風飄盪，且正逐漸下沉。

　　根據常識，降落傘設計者為顧及昏迷中的跳傘者無

法掌控，所以設計得在跳傘者被彈出機艙後會自動打開。用在像 U2 這種高空航空器上的，當然也會自動張開，然而必須降落到一萬呎以下的高度，才得自動張開。在此時他因而判斷，他這個自由落體應該已經從七萬呎以上的高空往下翻滾了至少六萬多呎；雖然不能確定他當時正在什麼高度飄盪，但可肯定的是已低於一萬呎無疑。縱然在這六萬呎間距的翻滾期間，一切的情形在腦際只留下一片空白，但在此時此刻卻很明確地知道他還活著。

　　他沒有計算在空中飄盪了多少時間，只知道他終於著了地。那是沙漠地帶，著地時沒有受到強烈撞擊，只有感到一陣腳部觸地的疼痛，那倒也證明他還沒有失去疼痛的知覺。當時沒有覺得在身體上受到什麼明顯的創傷，也沒有遭到地面部隊的攔擊（後來據告，他們曾經搜索了一夜），不由自主地感謝上帝與他同在，慶幸自己能蒙恩得救。

　　著陸的地方是一片一望無際、舖滿皚皚白雪的大沙漠，在低垂的夜幕中看不到一點人間煙火，不過對可能有野狼出沒的恐懼感，倒也因此稍為抒緩一些；但隨即要面對的是，如何能在一片茫茫沙海中找到求生之道？！

　　曝露在毫無遮蓋，氣溫低於零下二十多度的冰天雪地裡，感到寒風特別的無情刺骨；尤其在饑寒交迫之下，覺得絕望、恐慌無助，腦際充滿苦愁，不由得悲從中來。

此時只能懇求上帝庇佑，讓他得以脫離險境。

　　他胡亂擁著薄薄的降落傘，帶著因凍致傷的脆弱身軀，佝僂地陷入昏然半醒不睡的狀態。待他好不容易挨到東方發白、曙光初露時，睜開眼睛舉目望去，卻見到在遠處有一個有人居住的蒙古包村落。他歡喜若狂，好像在荒島上望到了陸地，在黑暗中見到了一線曙光樣的喜悅、雀躍。雖然不甘願自投羅網去被俘，但放在面前的卻是他個人存活的希望，至少大可不必活生生地等待餓死凍斃。於是拖著疲乏不堪的身軀，和凍得已經不聽使喚的兩腳，一步步向那蒙古包連走帶爬地蹣跚奔去。

　　走了多久不復記憶，但記得當走近一個蒙古包，見到一位早起準備炊事的婦人正打開爐灶間的門，他迫不急待地踉蹌闖入。當時只覺得一陣昏暈，像個洩了氣的氣球軟綿綿地癱瘓在他們取暖的炕旁。縱然他仍舊尚有點意識，但已經沒有力氣，也賴得去說任何話，而只好聽天由命任憑他們去擺佈、處置。

【世界副刊】

2004-08-11

第三篇　懷　舊

寵物與我
── 一段往事的回憶

鐵　夫

　　報章徵文，我也常湊趣「趕集」，但當見到有關「寵物」的命題時，在意識上總似乎有「男賓止步」的擋「駕」牌在。我想，我這堂堂六尺之軀的男子漢大丈夫，從不懂得憐香惜玉、葬花殉情的大男人主義者，怎麼會和周遭不屑一顧的「東西」為過伍呢？往往因自覺「乏善」可陳，而就裹足不前。最近回憶往事，居然在我腦際檔案裡出現了我也曾養過狗、貓、鳥、兔甚至烏龜的記錄。不過，那個時候在國內，雖然同是狗、貓、鳥、兔、烏龜，都沒有現在美國的那麼幸運。在美國，無論在衣食住行甚至育樂兩方面，都將牠們侍候得比王孫公子還要週到。

　　那個時候在國內，養狗，只希望牠能忠心看門，或夜間守衛示警，吃的，只是主人的剩飯殘羹。養貓的目的，也多半是因為牠們會逮耗子，奶奶、媽媽們大不了多天才抱抱牠們，為的也只是相互依偎取暖。至於吃的，

因為貓的肚量不大，主人吐下的魚骨頭伴飯，就算是美餐佳餚了；有些主人還故意扣剋「貓糧」，以逼使勤抓老鼠來充飢。能經常嚐到魚腥味的，那一定是大戶人家的幸運之貓。

因為我自覺沒有「寵」過牠們，寫起來會有一絲不配的內疚感。然而後來一想，我與他們之間都曾有一段「情」，只是當時對牠們的稱呼不夠「寵物」那末時髦而已。我曾先後和不少的「寵物」相處過，有不少的故事可寫，現在從「祖國行，探親記」的手稿中，錄出一段有關我家老花貓忠勇機智的感人故事，作為「我也寫寵物」的題材：

「多年來每當和出生於台灣的兒女們談「想當年」時，總要提起我家的那隻老花貓，但孩子們總以為我在編故事逗他們，就連自認最瞭解我的老伴，也常笑我在講天方夜譚。這次回到闊別四十載的上海老家，當四代家人團聚一堂時，當然也會講些「古「事。一日，我知道「這個故事」在我離開後沒人再提過，我就對姪孫們開起講來，當然也有些想在老伴面前證實此事之不虛。不過當時倒有點怕年高八十有餘的老母，會將四五十年前的小事忘記，如當場加以否定，那我在妻面前就要無地自容了。

故事是這麼說的：【那是四十五年前，我還在念初中，家裡養有一隻貓，那時沒有為她取什麼好聽的名字，就叫牠做老花貓吧，在我們家已經好幾年了，曾經生過

幾胎小貓，現在又正大腹便便，不久即將「臨盆」。平時，牠都爲在家的祖奶奶（我的媽媽）作伴。有一天，好像是六月六、大伏天，家家都在拿冬天衣物出來曝晒，祖奶奶也不例外地忙著翻箱倒篋。因爲我們住的原來就很擠，加上那天我也在家，那老花貓轉來轉去的礙手礙腳，難免遭到祖奶奶不是出於真心的叱吒，牠卻毫不在意地玩牠自己的。當祖奶奶開啓另一個皮箱的時候，只見牠一個箭步往前一衝，一隻老鼠應聲被牠叼住；牠似乎很得意，但我們都認爲只是牠的天職本性，並沒有爲牠鼓掌叫好。牠當時並沒有立即將捕獲的戰利品置於死地，只是將牠放下來撥弄戲耍。正當牠自得其樂玩得起勁的時候，突然從牆腳又竄出一隻更大的老鼠，牠看見了，我們也看到了，祖奶奶和我雖然尚未來得及交換意見，但在臉上都現出一個緊急問號（？）。抓老鼠，固然是牠的本能，但眼前霎時出現兩隻「活」老鼠，而牠只有一張嘴，牠該怎麼辦？那隻正被牠撥弄的，還是活蹦亂跳的；如果棄之不顧，而去抓那大的，則其「前功」將盡棄，如將之處死再去那隻大的，可能乘幾逃脫；少打一頓牙祭不足爲惜，但任獵物逃逸，而導致有愧職守，則茲事體大；在這千鈞一髮之間，就連萬物之靈的「人」，恐怕也未必能想出一個兩全之策；當我們正陷於屛息期待，且無奈的緊張氣氛中時，只聞一聲慘叫；往前一看，那隻大老鼠的肚皮已被牠用前爪對開撕裂，頓時血肉模糊，一命嗚呼。而那隻「先到者」，仍在牠嘴裡顫抖蠕

動。牠拖著大腹便便的身體，上氣不接下氣地喘著，跑到我們面前接受拍手歡呼；可憐牠已是滿身大汗，而顯得那末勁疲力竭。祖奶奶和我不約而同地去撫摩牠那濕漉的身體，並給他安慰與讚美，還深恐牠因此流產而遭不測。當然，到晚上，牠得到了祖奶奶一頓小魚拌飯的犒賞。

那智勇盡忠的表現，老花貓從此就成了我家的英雄和「寵」兒，也更成了我家的一員。可惜在我家遷居的時候，在半途上，因受驚而溜回了「老」家，從此鄰居只聽到聲聲哀叫，再也未見牠在人前出現。我們雖曾幾次三番回去「請駕」，始終只聞叫聲，而未見其蹤影！

故事說到此，孫輩們固然都歪斜著頭聽得口水從嘴角流出，沒有想到，老媽媽也在聚精會神地回味，甚而提醒我說：「老花貓之未再出現，是因為牠和我們有了感情，而不願效忠於第二個主人的關係」。最後還對她的曾孫們說：「你們二叔公（就是我）因第二天在日記裡寫了這段老花貓的英雄事蹟，還得到一個從未有過的甲上呢」故事就在老媽媽的這一「補充」所引起的哄湮大笑聲中結束了……」。

【美東時報】
1990-09-09

血濃於水

鐵　夫

　　年屆古稀，雖無功名成就或英雄事蹟可言，但所經歷的事物和接觸的人物卻不勝枚舉，其中令人難忘的人與事也實在不少。

　　現在我要說的一生中最難忘之一的「人」，以英文語法來說，它不是單數的 MAN，而是複數的 MEN。我並不認識他們，當然更不知道他們姓啥叫啥；不過能以確定的是，他們是中國人；因爲他們曾幫我脫離日軍魔掌，免遭至少一頓毒打，甚至於一場當時前途難卜的大災難；縱然現已事隔五十又五六年，依然難以忘卻這六七個「人」。

　　話說抗戰期間，日軍佔領上海，近千萬的同胞都淪爲鐵蹄下的順民；亡國奴境遇之淒慘，真是一言難盡，罄竹難書。那時人們的自由，在漢奸走狗的助虐下，更是被摧殘殆盡；凡在上海居住者都得報有戶口，在外行動者，必須隨身攜帶「良民證」。

　　日軍爲便於偵查當時活躍於上海市的愛國地下工作

者，在許多重要街道用鐵絲網設置成關卡，以查對過往行人有否攜帶「良民證」；凡不帶良民證者，即被疑為重慶份子，而帶往憲兵隊聽候發落；輕者經一頓毒打，繼由家人補呈良民證後交保釋放；重則難免嚴刑侍候；如果真未領有良民證者，則後果不堪設想。這是多時來人盡皆知的夢魘恐怖世界。

　　一個夏天的午後，我從蘇州河之北，乘上分成前後兩節的電車，要向外灘方向去；我在第二節車廂找到一個朝著車門的位子坐下，在我左右坐著約摸六七個電報局的人；站在我正對面的是後節車廂的售票員（他的任務除賣票外，還有用拉鈴為信號，指揮司機能否開車的權威）。他們都是當時的「公務員」，日軍為便於辨別身份，他們都非得穿著制服不可；而這些制服式樣又與偽軍—和平軍軍服相似，所以在一般老百姓心目中，他們也都是討厭的一群漢奸兵。

　　車經外白渡橋，按照規定在設在橋頂的日軍崗亭前停下，讓站崗的日兵上來檢查。因我正對車門坐，首當其衝地被發現未隨身攜帶良民證，於是立即被喝令站起，要我等他查完全車，再來押我下車聽候發落。其時，將一個十三四歲，且身材矮小的我，嚇得魂不附體，不知如何是好？腦子裡所想的儘是些受拷打、遭迫害的恐怖景象；當時的表情因為沒有鏡子，自己不知道，也沒有心情去想，但只覺得週遭一片黑暗、沉寂，世界末日即將來到。

　　不知過了多久，但聽到叮噹一響，車已滾動；定睛一看，確認自己仍在車上。同時，只見不知何時開始圍著我站的那六七個漢奸「和平軍」一電報局的公務員，正要陸續回到他們的原來座位。再往外一看，那倭寇日本兵在那裡正對著已經剛「過了界」，我所乘的電車，張牙舞爪，依哩哇啦。原來，在他要經過第二節車廂門押我下車時，大概因為我已被那六七個「漢」兵的「人牆」遮掩了起來，他個子又矮看不見，以致誤認為我已先下了車在下面等他。

　　此時，那位見日本兵一腳下車，就「及時」拉鈴下「發車」號令的售票員，指指那幾位站起來掩護我的「漢」兵，很寬慰地對我咧嘴一笑的情景，至今還記憶猶新。

　　這是「漢」（奸）兵保護「漢人」，血濃於水的親身經歷，委實令我永誌難忘。

【世界日報】
1998-09-05

「說電影」的「本事」

鐵　夫

　　打從懂事以後，只曉得在演藝界有「說書」和「說戲」的兩種人；但到了光復之初的台灣，卻發現還有一種「說電影」的人。

　　說書的，實際上有些像單口相聲的表演者，長篇線裝古典小說，如三國演義、西廂記等，就是他獨腳演出的劇本。說戲者，則是京劇界的教師，他說的是劇情和人物的情感；對象多是向他學戲的人，他有點像文明戲裡的導演。至於「說電影」的，則是隨著電影的放映，向觀眾說明其情節、演變過程的人。

　　台灣光復後，當時大家都可以看得懂的日本電影不能再放映，電影院裡只能看到來自祖國的國語片和外語片。觀眾們因為聽不懂發音，所看的好像是默片時代的無聲電影；尤其外語片，看起來更像幼時到上海大世界看的「拉洋片」西洋鏡。

　　不過，當時的電影院業者，倒想出了一些幫忙觀眾「欣賞」電影的變通辦法。一是，觀眾進場時，在收票

人手上拿到的「本事」；二是，在電影的放映過程中，按照情節演變，作全程講解的「說電影的人」。這對當時的觀眾而言，不失為是個善舉。

「本事」，是張印有三五百字的單張；顧名思義，它是「本（電影）故事」的簡介。觀眾在開映前，約略看過一遍後，就可依照它，去想像、猜度那些動畫的意義，甚至演員們所說的台詞。

回想起「說電影的人」，每當電影院裡的燈光暗下，正片放映之前，只見一個端著凳子的身影，上得台來，斜對觀眾坐著；當電影裡一開始有動作或有台詞（的模樣），他就按照他所瞭解的情節，用閩南語大聲（當時並無麥克風）說給台下的觀眾聽。

當他看到畫面上一對男女因賭氣先後離開了一棟房子，他會對觀眾說：「人去樓空了……」。看到有槍擊的鏡頭，會情不自禁地喊出碰！碰！兩聲；看到有婦人走到池塘邊，不小心要滑倒的樣子，他會大聲啊呀尖叫；一方面要觀眾也為她捏把冷汗，另一方面似乎在提醒那女子要小心喔！看到有冷箭射過，他必配以「嗖！」的一聲，讓你心驚膽跳。尤其令人絕倒的是，當看到一對情人擁抱接吻時，他必然捲起袖子，親吻他自己手腕，而發出噴！噴！之聲，自我陶醉一番。

他可憑他的「文藝」天才，照著銀幕上的動畫，說出與原意不同甚至完全相反的故事來。還常會要「映畫」裡的洋鬼子，演出表現忠孝節義的歌仔戲戲碼來。當他

用當時台灣最流行的口頭禪作爲演員的台詞時，不是引得觀眾拍案叫絕，就是哄堂大笑。他總能使大家跟著他的三寸不爛之舌而起舞。

這種「說電影」的人，在當時似乎頗受歡迎；後來因爲有意耳風等新玩藝兒的出現，同時要欣賞「原音」的也多了起來，使他只是曇花一現，很快就在舞台上消失了。所以即使在台灣出生，卻在五十歲以下的人，或後來隨政府播遷來台的大陸人，都無緣見過，甚至從未聽過這種當時在電影院線的重要角色。

至於「本事」，對初到台灣聽不懂台語的我們而言實在是個「福音」。稍後洋片不斷擁進，懂原音的又畢竟還不是全部，「本事」對觀眾還是幫助不少，所以好像它一直存在著；不過我離國已久，不知現在還有那「本事」嗎？

【世界日報】
2000-03-09

生活小故事

—— 難忘的一巴掌

鐵　夫

　　在我所教「中文電腦輸入法」班中，很多是兒孫繞膝之年長者。這些銀髮族都興趣盎然，認真學習的精神尤爲感人。由於我教的輸入法極適合老人家學習，不多久他們就可在鍵盤上祭起彈指神功來。當他們在屏幕上見到自己打出的中國字時，無不高興得神釆飛揚。

　　但是因爲他們大多是「電腦盲」，不會自行操作電腦。回到家裡想練習，則多要有求於下一代的幫忙。

　　老年人要從下一代那裡學習新玩藝兒，即使你忍氣吞聲拼了老命追求，他們也耐不住性子來像當年你教他們功課那樣教你。以致上課時常聽到那些老學生訴說，如何如何受兒女們的氣，有些甚至氣得要搥人……，多有怨尤，好不委曲！

　　我同情這些老人家的感受，因爲我也有過這樣的境遇。同時使我回憶起，將近六十年前，父親狠狠地給我一個，至今還記憶猶新的巴掌。

　　父親未上過學，但絕頂聰明，他識很多的字，那是年少時在戶外討生活，從街頭市招上學來的。算盤也打得很精，那是因為購物時，他指正店家算錯賬，遭到掌櫃摔算盤要他自己算的侮辱後，在一夜之間自學而成的。他後來擔任公司的總經理，非但稱職且勝任愉快。可惜就是不能寫字，要他「作文」那支筆更有千斤之重。這是他時常感到自卑，甚而因此受到屈辱的憾事。所以他渴望我們能把書念好，為他爭口氣。

　　一天，他要我寫一封不宜假手外人的信；那時我才上小學六年，所識大字也不多，要我拿起毛筆寫那從未寫過的「信」，那筆之重何止千斤？

　　父命難違，只得硬著頭皮寫著，但寫來寫去，總不能合他的意。他越在旁邊催促、嘮叨，我越是寫不出來；他在氣憤之餘，破口大罵我是個白念了書的窩囊廢。這時我突然把筆一甩，站起身來說：你不滿意，你自己去寫！熟料，話剛講完，只聽到一聲巨響，頓時覺得天旋地轉，眼睛直冒金星，原來是父親賞了我一巴掌。

　　這一巴掌痛得不久，心裡的疑惑卻良久揮之不去。直到年事稍長後，才領悟到這是一記該嚐的耳光，因為我不止冒犯了尊長，還踩了生身之父的痛腳，傷了他的尊嚴，更傷透了他的心。

【世界副刊】
2002-07-14

第四篇　僑窗觀見聞

我們誤食了有砒霜的蘋果啦！

金　亮

　　去告訴大牛，我們誤食了有砒霜的蘋果啦！

　　趙：「蘋果『又』漲價了，你們知道嗎？」。趙是本社區某高中裡雙語教育中心之資深雙語工作者。在大家午餐時，突然冒出這樣一句聽來有點「惑眾」的「非謠言」。

　　金：「沒有啊！我昨天才買過，那韓裔水果店非但沒有漲價，覺得品質還比以前好些呢！」。金太太是位擁有碩土學位的秘書，平時一家人在飯後必是蘋果一隻，以助消化，所以對此行情很熟。

　　宋：「那糟糕，我平時都是以蘋果當中午「便當」的，蘋果漲價不論漲幅大小，必將影響我的民生問題。」宋是早期留美的生化博士、科學家兼作家，退休後才來當猴子王，以排遣時間。她平時選蘋果為其中午主食，一方面可能以生化科學家觀點認為蘋果最營養，還能駐顏的關係，實際上也許因為蘋果之在美國，像香蕉之在台灣，永遠不會領頭漲價而成為她鍾愛蘋果的真正原因。

趙：「真對不起，由於我的語意不詳，害得各位對向來平穩的美國物價起了恐慌。其實我說的是用這個紐約象徵為名的電視頻道收視費，又要從九元漲到十二元了。」

曾：「他媽的，我才裝，它就漲，我對它的低品質節目已經感到不滿意，現在居然一漲就是百分三十三多，我寧願花這個錢去多看點 SHOW TIME 一類的節目。

下個月就去退掉它。」曾博士是社會科的老師，因為兼了幾堂「國文」課，平時在學生面前倒也道貌岸然，一本正經，從來不吐「髒」言，不料正在吃「便當」的他一聽此言，立即破口大罵，隨手將一個放在便當盒旁的鮮紅蘋果用力一擲，首當其衝的一份學生作業立即掛了彩。

金：「原來趙老師講的是電視喔，我倒是正在考慮是否要裝。最近在鄰居家看過幾次，似乎覺得它自己並沒有攝影棚，老是拿些大多來自香港的廉價粵語帶子來填空檔，這是個只放錄影帶的傳送站嘛，似乎沒有資格稱得上是服務大眾的「電視台」。同時，整整有一半時間是重播，我這個又不懂廣東話的人，充其量只能欣賞到它四分之一的節目。如此算來，加上必需的電纜租費，已經覺得太貴，現聽趙老師說「又」漲價，可見以後還會「又」漲，我看算了。要看中國節目，在週末還有兩個免費的，也可過過癮了。」

曾：「其實雙聲帶的人也不好受，我太太國粵語都

懂，每天固定在這個頻道上，一天四次同樣的新聞（極
大多數是各日報經已披露的隔夜消息），第二天下午重
播的舊「新聞」，她更可背對電視搶先給我講「古」呢。
在週末或假期還要振振有詞地偷工減料：你愈是想靠它
知天下事，它愈是不給你滿足，七分之二以上的日子沒
新聞，真坑人」。

　　甲（生）：「我媽在家，成天就靠它來打發時間的，
可惜一大半是聽不懂的節目。她認為那些富教育意義的
節目在第二天重播時，如果對換一種發音（或旁白）該
多好？

　　乙（生）：「噯，我們從大陸來，對於諸如教認字、
釋成語等教育節目很感興趣，總想能從中多學點祖國文
字，可惜講的是廣東話，聽不懂；尤其還要裝模作樣，
一本正經教人跟著將好好一個中國字念成奇奇怪怪的廣
東音，更是不可思議」。兩位課間服務的女學生，一面
工作，一面宣賓奪主地也數落起蘋果來了。

　　甲（生）：「還有，節目間的空檔老是用同一段
GARBAGE 來填，煩死人了。我爸說，這就是沒有職業
道德、欺負消費者的行為。不求上進，真沒有辦法」。

　　曾：「廣東人對中國字發音不同，不準本來是無可
厚非的，但對用廣東話來教中國字，我雖然是香港僑生，
也不以為然。何況他們還有遠離六書法則的念法（如糾
紛要念成「斗」紛），實在不足為取」。

　　宋：「據說它要改善服務才漲價的，不過趙老師說

「又」漲價的「又」字指的是什麼意思？」

　　趙：「講到這點，不由得不火冒三丈、氣憤填膺。多年來我家一直是該台所俘擄的冤大頭，它大有與洋人聯手，請君「入甕」而使之自斃之嫌。起初它在公視台試播，我太太成天在家，看到有「華」視作伴，喜不自勝。該時，某電纜公司正在皇后區敷設電纜，不斷的廣告攻勢，希望居民裝接電纜，由於幾個公視台加上這個「華」視台，已經目不暇給，當然未予理睬。孰料，正在為「抗銷」有成得意之際，該頻道卻悄悄進入了電纜，雖仍屬免費，但非經電纜看不到。縱然心不甘情不願，但已中毒上癮，只得自投「纜」環。不過從此收得的「華」視的確清晰很多，節目也稍有改善，並且有了「沒有影像」的新聞，還得到些許安慰，幾個月後也就心平氣和了。那知，過一段時間，在電纜公司的月費通知單上居然多了一項「該頻道」的收視費，這一下知道上了當，幾次用電話抗議 —— 其實只想訴說一下，我的電纜原來為要收「華」語節目才裝的，卻連好聽的話都未聽到一句。我曾猶豫是否要退掉，才晚繳幾天費，就見幕上陣陣銀兩。結果拗不過老伴「毒癮」發足，只好每月在電纜租費上又加上百分之七十的「水果」費。記不得時至去年底，還是今年初的時候，正在喜形於色，誇讚其有少許進步時「又」將月租費漲到現在的二十六‧九五元。最近，上個月吧，還在和老伴稱讚它的新聞節目雖說不上是「新聞」，總算還加了一些活動影像，但，同時也

有了那個爛水果「又」要漲價的預兆。結果不幸而言中。從明年元月開始，又要花一塊錢讓它來陪伴我那老伴了，不能說不貴吧。」

眾：「趙老師還有這麼長一段故事啊！這種電視台收這麼高的收視費，實在夠狠，而且還要設陷阱坑人，不應該，我們去告他」。

宋：「算了，中國人只會坑中國人，華青只會對華人下手，中國人欺侮中國人，外人弄不清楚，向誰去告？就算趙老師倒楣，誰叫你吃到一隻巫婆的毒蘋果」？

趙：「對，我去告訴本社區的華人喉舌，大牛，我跟他有過一面之緣，我知道他急公好義，「牛勁」十足，定能仗義執言，至少他那鋒利的筆，可為我們華人消費者評評理，討回一個公道」。

【美東時報】
1988-01-26

甘迺迪機場西裔犯罪集團猖獗

景　亮

（建議華航「率先」播音提醒旅客）

甘迺迪機場各航空大廈中，西語裔犯罪集團猖獗，亞裔旅客成被竊對象，這是世界日報十月廿三日社區版所登的第一個大標題。其實近年來紐約各華文報紙，包括世界日報在內，也常有與此類似而對我且餘悸猶存的駭人字眼出現。其內容大體爲：有西班牙語裔犯罪集團，常在甘迺迪國際機場各航空公司大廈中活躍，並且以亞裔旅客爲作案對象，受害者希望有關警方能夠掃蕩，警方希望受害者配合破案，航空公司更是呼籲旅客「提高警覺」「注意防範」並指出歹徒經常出沒的航空公司大廳，都是主要經營太平洋航線的公司所在……云云。

我之所以對此標題特別「動心」，是因爲我是一個在去年此時，身歷其境的典型受害者。而上星期在心有餘悸的心態下，又乘華航來回於美台間一趟：前星期五晚間上機前曾作了一次深刻的「憑弔」；上星期五「平安」回家的第二天，卻又看到如此怵目驚心的標題，所

以有立即寫此文的衝動。現在我先說明自己受害經過與慘狀：

在週密的計畫下進行著各項事宜，雖然曾有數次變更，終於經過一星期之行裝收拾，湊上了一個黃道吉日 —— 九月十三日整裝成行。由於大小行李，加上手提箱等，二個人一共有十件之多，只好由兩個兒子各開一部車，才容得下這麼多的行李和一家六口大人。班機起飛是晚間十一時五十分，為安全起見，在九時許，就在作過家庭禱告後出發，十時前就抵達了甘迺迪機場。下得車來，兩個兒子開車去 Park，大小行李，除老伴手上一個手提包外，悉數堆在華航大廳門內，暫時由我看管；該時女兒眼尖，一眼看到華航櫃台有熟人，連忙拿我倆護照及機票前去辦理手續，以便劃個好位子：老伴與媳婦則揀輕便之行李慢慢向櫃台移，就在此時有一位西裔樣的男性服務員（？）手持「儀器」在我們忙亂中前來「檢查」「盤問」，並貼「安全」標籤，適時剛巧我身上背的照相機袋背帶斷脫，待我在原地經過數秒鐘整理完畢，當時一看，我的一個棕色 007 手提箱已經不翼而飛。

天哪！那裡面除了數以千計，並封妥紅包擬作為親人見面禮的現金、一些有價證券、別人託帶之銀行本票；旅行支票、高級電器用品之提貨單、中華民國的護照等重要文件外，使我感到天昏地轉的是，進入大陸的簽證與中國民航香港上海間之來回機票也不見了。因為這兩樣東西是我「處心積慮」了多時的心血！錢丟了可以少

用點，但好不容易累積，而郵局特別通融請准的假期，可能就因此糟蹋掉，甚至毀了我首次探親的前程。我該如何告訴我那正在遙遠的地方引頸翹望的老娘親呢？完了，在我來說，比青天霹靂還恐怖，比宣佈死刑還絕望。我是個曾經患過心臟病，現在還不斷服用降血壓藥的人，當時的臉色怎麼樣，我沒有照鏡子，然而家人看我沒有當場倒下去，想必感到是件值得慶幸的事。

家人之分頭四處捉賊報警緝拿歹徒，都只是心理上求個安慰而已，擒賊行動只好在警方一句「祝你旅途愉快」聲中結束。

近年來這類竊案層出不窮，且受害者又以我華裔同胞為最，所以常引起華文新聞界之關注，並且不辭勞苦地去訪警察局、航空公司，甚至受害大眾，以謀對策。每次報導最後總帶上幾句「訓勉」。

警局希望受害者「深明大義」，與警方通力合作，儘管他們自己姍姍來遲，他還會問你知不知道誰是賊，如果你知道要你勇敢見「義」而為，趕快通報他們；最好能抓到竊犯請他們去「破案」，否則他們會像對滿街你我都能辨認得出的快克販子一樣，視若無睹，說聲「祝你旅途愉快」已經是很客氣的了。若要他們主動來大力掃蕩，除非你有足夠影響他們飯碗的選票，否則就難如緣木求魚。

至於航空公司方面，大概已經司空見慣，那怕你急得像熱鍋上的螞蟻，可憐得像喪家之犬，他們代你打個

電話通報警察，已是仁盡義至的關照了。不過每當接受訪問時，其主管人員總不忘請傳播媒介務必傳遞他們的仁慈關懷 —— 請旅客「務必小心」。但是那是一句極不切實際的口號，殊不知天天做賊的人是有，要人天天去防賊就未免太辛苦了，何況我們又不是天天旅行，旅行的人又不見得在旅行之前剛巧看到那難得一見的「警語」。

　　說實在的，今天在機場竊賊之猖獗，大半是出於治安單位無意間之縱容、航空公司對亞裔衣食父母之不在乎所造成的「節節高」。不過我認為要減少長久以來，機場「西裔」扒竊「亞裔」案件之發生，我們的「華航」倒可事先做點立竿見影的成績出來。

　　我所以之建議「華航」率先，除了因為它是中國人的華航外，同時根據報導，受害的「亞裔」多屬往返台灣的旅客，也可以說，被竊者大多數是來往於美台間之「中國人」。而這群「同胞」，又常以「華航」為其交通工具之第一選，華航機上之碧珠黃髮座上客固然也有，但近乎清一（黃）色的只有華航最為顯著。又因為在晚間十一時左右，那一大廳只有華航一家使用，從大門進出的旅客，從裡面往外看，可以一目瞭然。所以在華航大廳上只要有心人在暗處稍加注意，旅客很容易發現那一個是「外國」旅客，那一個是「西裔」「常客」。只要和警方取得密切合作，「西裔」賊必能手到擒來。另外，當見到可疑的「非華人」進入大廳時，立即透過

擴音器用「華語」請可憐的被竊對象──「華人」注意，或者不時地放送促請注意的錄音帶。再說那位「便衣」「盤問員」，如果確有設置的必要，應該立即設法換成「制服」「華人」，同時也賦予他「防賊」的任務；僱用「華人」至少可以減少他與人串通的顧慮。「華航」也許有困難，但事在人為，只要誠心誠意，一切困難必能迎刃而解。

【世界日報】
1988-12-13

招牌之我見（一）

── 招牌豈可忘本

鐵　夫

　　「招牌」又稱「市招」，顧名思義，這是用來「招」
攬生意的「牌」子。無論是公司行號、商家店舖，無不
盡量將商號性質、營業項目，甚至電話、地址等，以最
簡潔的文字和醒目的方式容納在招牌裡，以顯現在客人
面前。有的惟恐過往客人有看沒有到，都要將自己的招
牌做得比左鄰右舍來得突出，除了高大明顯之外，其字
體圖案還不惜重金聘請名家設計繪製，尤其中國字招牌
是以達官顯要賜題，書法名家揮毫為榮。在國內信步走
在商店林立的大街小巷，瀏覽那些在五光十彩的霓虹燈
映輝下之招牌，猶如置身於中國書畫大展。有些還在適
當的空間配以東西洋文，看上去真是百態千姿，美不勝
收。當你週遊歷國，無論在日本東京、法國巴黎、意國
羅馬、瑞士日內瓦、蘇利市，甚至近在咫尺的紐約曼哈
頓，走在街上舉目望去，也無不招牌「林立」，琳瑯滿
目。有大有小，有橫有豎，不管那店東是外來客，還是
本地郎，也不管賣的是華洋百貨，還是南北土產，其招

牌上卻都是「當地人」所熟悉之文字與記號。

　　招牌之所以要挖空心思「爭」奇「鬥」妍，其目的無非是要在「掛招牌的當地」招攬生意。為要在「當地」生存而奮「鬥」，且要將「當地人」的錢「掙」到自己口袋來，才是掛起「招牌」的真正「本」意。可是，如果一塊不為「本地人」所認得的招牌（諸如一塊純中國字的招牌）掛在紐約市街上，因為佔多數的「本地人」不識中國字，那麼，這塊市招之展示，充其量只能引起少數我華人之注意，而失卻其「賺本地人錢」的「本」來功用。

　　再說，我們歷盡千辛萬苦移民來此，好不容易在人家土地上開店營業，除了「賺錢」謀生外，還有為你這個所在的社區提供服務的意義在。我們既來到這個社會，除了要用招牌來招攬生意，也要用它來展示我們對社會的服務。但是如果在你的招牌上沒有他們所認識的文字或符號，豈不是表示不願為大多數的「本地人」服務嗎？我們移民要入境問俗，我們的招牌就不該入境「俗」隨 —— 將純中國式的招牌習俗原封不動地隨帶入境，至少要在中文招牌上的適當位置加些「本地人」也看得懂的文字，才能合乎「招牌」真正的「本」意。像在美國，招牌的製作，最好以當地的習俗為主體，在上面加幾個方塊字以表示東方色彩就夠，何必一定要「本」末倒置，反客為主呢？

【美東時報】僑窗觀景
1989-04-23

招牌之我見 (二)
—— 招牌做壞脫囉

鐵　夫

　　「招牌做壞脫囉」是一句上海話，係指一個人混跡社會，因為招搖撞騙、言而無信，以致別人一聞其「名」就會走避三舍，敬而遠之；也即表示此人之背信忘義，敗德行為已是惡名遠播，再無法取信於人了。一個店號，如果貨不真，價不實，久而久之，終會一傳十、十傳百，使其門可羅雀進而關門大吉，這也是因為「招牌」做壞了的關係。

　　人的名諱也好，店的招牌也好，它們本身只是代表那個人或商店的符號；會不會遺臭萬年，或揚名四海，則完全取決於用它的人或商號肯不肯造福於它。服兵役時，鄰兵「陳糞」兄由於待人以誠，又熱心服務，非但不令人掩鼻而過，相反地，班友們卻都樂於與「陳糞」為伍，其「陳糞」之名在連隊裡就很響亮。再看鄭文彬的大名，如此高雅大方，但他的惡行卻玷污了「文彬」，以致其他姓鄭名文彬的都暗暗叫屈。無他，因為「文彬」

的招牌被那到處被通緝、流亡、潛逃，甚至不惜化裝易容的經濟犯給「做壞脫囉」。

近來，族裔文字的招牌成為英語獨尊運動（骨子裡卻帶有幾分種族歧視的意識）的攻擊目標；在西部某城市過多的中文招牌更是首當其衝的眾矢之的。最近此風東漸，尤其在紐約也掀起一股批鬥中文招牌的時髦風潮。近年才在本社區樹立起來的招牌，也被逐一揪出來評頭論足一番。其實根據最新統計，在本社區內，華裔商店招牌用中文「單語」的只佔百分之四點九多，其嚴重性遠不如韓文招牌為甚。所以真該檢討的應是「亞裔」招牌，不只是中文，韓文的更需約束節制。

然而，現在的問題不單是在於雙語或單語，而似乎在於招牌上是否有東方文字，因為在街上每多一塊這樣的招牌，相對地就少一家原來為本地人所熟悉的店舖。由於他們對於那些入境隨俗的服務不容易接受，更難以消受，所以亞裔招牌的商店多半未能給非亞裔人帶來方便，反而增加了「不自在」。

亞裔招牌之如雨後春筍般東一塊西一條不斷冒出來，也說明那些使非亞裔感到「自在」的商店行號正在一間又一間的減少，這樣直接間接地影響，甚至威脅到他們的生活，怎麼不叫人家冒起無名火？這把骨子裡有排亞裔意識的怒火無以名之，只好遷怒於那些「證據」確鑿的無辜「招牌」了。

本社區的中文市招問題也已討論了好一陣子，除工

商領袖，各行業主，還驚動了衙門官員和議會諸公。市議員哈理遜雖然中韓不分，對於問題癥結所在倒是一針見血。她認為中文（其實也含韓文）招牌之所以引起爭議，是因為非亞裔人光顧那些掛中文（含韓文）招牌的商店時，覺得「不自在」。她如此說法十分涵蓄，實際上，讓我們冷眼旁觀一下，凡非我屬類進入我中華同胞所經營之商店時，常因語言隔閡，或店員之應對不夠隨俗（根本未有過做洋生意的訓練），使他們有被奚落甚至被歧視的感受。日子一久，難免對禮義之邦發生了懷疑，繼而對中文招牌也有了排斥心理。

最後建議，除市招儘量予以改良外，希望工商界領袖們（或諸如華策會）對今後要在本社區掛中文招牌營業，無論是賣燒餅油條的，或是開大型超級市場的，在其開張之前予以適當訓練與指導，至少讓其瞭解這不單是對華人而是對全社區的「服務」，千萬不要再將中文招牌的「招牌」做壞脫囉！

【美東時報】

1989-04-30

招牌之我見（三）

── 強詞奪理不肯改，暗藏玄機在招牌

鐵　夫

　　自從中文招牌風波波及本社區後，經熱心人士調查發現，純中文「單語」的只佔中文招牌的百分之五不到，事態似乎不如韓文招牌那麼嚴重。但以這些少數「純」招牌的所有人之「辯護」來分析，他們執著的心態似嫌偏激一些。至少他們對「招牌」的真諦不明白，對本社區各族裔間之和諧也漠不關心。

　　其中一個典型「辯詞」是說，其業務對象只是華人，故無加添「外文」之必要。他卻忘了所有看得到這塊招牌的人都有「知」的權利，那他當然就有讓大家都能「曉」的義務。否則這塊招牌就會「討人厭」了。

　　再說，在此因渴慕中華文化而向我華人處處示友好的也不乏其人。有人雖目只識「丁」，但喜歡聽中國話，欣賞中國藝術，偏愛吃中國菜，穿功夫裝，嗜品茗茶甚於咖啡可樂，相信中藥滋補比唯他命強，收集夜壺當骨董，展示古幣珠寶數家珍，有人醉心中國功夫，延請「師

父」治療跌打損傷，也有人相信江湖術士排八字算將來。他們比中國人還偏愛中國，舉凡人、事、物，只要是中國的，他們都喜歡。可是當你在大街上開起燒餅油條豆漿店，架起油鍋賣臭豆腐，而掛的招牌卻不為他們所識，致使他近在眼前而不「知」，害得他們失之交臂而無以解饞，豈不殘忍？何況叫人家白花花的銀子欲送無「門」，也不是咱們做生意之道！

　　第二種「辯詞」是說，招牌加「英文」的造價太高，所以才無法從善如流做成雙語的，此話未免說得過份脫底。洋人天真好欺騙，認為你說得出口，當然是真的，他們為使社區和諧，居然願意設法來補助你在招牌上加上英文字。不過我奉勸說這種「脫線」話的人，不要太過得「理」不饒人，要是將咱「中國招牌」做壞得鬼見愁，於人於己都沒好處。你想到頭來，如果其他人或其他族裔也跟進胡謅，豈不又會引起一場更大的風波。

　　要堅持招牌「純化」的另一原因，可能裡面藏有玄機。假如賣的是虎骨、香肉，其招牌所以之「必須純化」，就不單是因為顧客只有華人，主要的可能還是見不得「外人」也。要是用英文在招牌上寫明本店供應中國北方式燒炭的火鍋，北京常客，（老）布希總統見到，也許會一時興起而悄悄前去圍爐回憶一下北國風味，可是洋警察也會因此發出傳票，控告你妨害公共安全。

　　純化招牌，非但能掩洋人耳目，還可耍「本國」文字遊戲，向同胞暗示種種不可告訴洋人之勾當（諸如在

台灣的招牌就有無照行醫、誘人為娼、空頭買賣、走私逃稅、表面理療，實則馬殺雞的按摩院等等）。有關此點，必須向那些想藏玄機於招牌的投機取巧之徒提出嚴正警告，夜路走多了總會碰到鬼的；當你分贓不勻，或別人眼紅嫉妒時，那怕你用甲骨文做招牌，還是要出「洋相」的，水晶宮重新開張時，門神擋駕雲集的賀客事件，就是一個活生生的「以華制華」的例子。水晶宮重新開張登了「中文」廣告，國稅局洋人並不懂，可是那「認識你」的假東洋鬼子，卻是道道地地，且熟識中國字的龍之傳人啊！

【美東時報】僑窗觀景
1989-05-14

招牌之我見 (四)

雙語的做法與掛法
招牌的幽默與藝術　　　　　　　　　　鐵夫

　　有一段時間，不知是鄭板橋遺風再漸，還是濟顛和尚陰魂不散，在台灣，吃狗肉的風尚一時盛行得差一點端上國宴席；每年冬令時節一到，大街小巷處處「香」味飄逸，嗜者莫不聞「香」下車，大快朵頤，「進補」一番。賣店惟恐觸犯眾狗主之怒，不敢大張旗鼓，高掛「招牌」賣「狗肉」，故多掛「香肉」以作暗示；也只敢用欲亮不明、上書「香肉」之電燈籠掛在轉角處，以告示老饕。當時在台中郊區某地，因無「狗源」匱乏之虞，只見三步一燈，五步一牌，整街「香店」林立；有些店主在所「掛」「無字」招牌上畫一「羊頭」，以示店內正有「狗肉」在「賣」。這種標「舊」立異，暗示「下一句」的「招牌」，見者莫不莞爾。你能說賣狗肉的就不懂得幽默嗎？

　　初自台灣移居本社區時，中文招牌還沒有幾塊。其中萬里汽車修理行和其路口的美廉食品是兩塊寫得既無

體又無格，「幼稚」得令人搖頭嘆息的招牌，正因為它
們的「不美麗」，曾引起我這個新移民的注意。這種似
是出自「竹生」（粵語：土生華僑）手筆之市招，當時
好像正在向我示意，這裡有先我而來的同胞正在奮鬥求
生，叫我不要再有落寞之感；同時因為當我旅行世界各
地時都曾有如此感受，所以對這兩塊「不美麗」之「牌」
非但不以為怪，反而倍感親切可愛。稍後，得悉萬里費
老闆和美廉朱先生居然都是才高八斗、且寫不出「醜」
字之士，覺得有被「愚弄」之感，但對費、朱二先生懂
得如何在「外國」做中文招牌的幽默，倒也不禁報以激
賞。近年來，萬里廠房幾經擴充佈新，當年那幅胖手胼
足的景象早已消失無影，但當你走近一看，那塊由大到
小，字字不同大的「老招牌」卻仍舊端端正正掛在門口，
正顯示費老闆不忘其本，且講求「老字號」之情懷。至
於美廉，雖也已數度易主，掛的卻還是那塊朱記（CHUS）
老招牌（似已幾經修飾），這也是「牌子老的好」一例證。

　　招牌之鮮明突出，固為其基本要求，然其命名也要
適得其份，否則就會弄巧成拙，貽笑大方。多年前在台
北古亭區，一家標榜正宗湘菜，且取名為「天然臺」之
菜館，因其招牌所書為「天然臺菜館」，逐被視為專做
「臺灣菜」而取名為「天然」之菜館，致始終未曾有過
起色。另一家取名為 XX 春（正確名己忘）之西藥房，
也因所掛「XX 春藥房」招牌，「逼」使其變成了專賣
「春藥」之「XX」藥房，而導致買「非春藥」之顧客卻

步。這兩塊無獨有偶，一對的招牌之同在台北市出現，曾一時引爲趣談。許多「廣告學」教授、「文宣」講座也還紛紛編爲機會教肓之教材。

　　至於「雙語」招牌之「中英」名字，也以盡量相配爲宜，否則「中」「西」居民在作語言交通時會造成南轅北轍的誤會。某友曾因不知 SILVER XX 爲鯉魚門，由於其洋朋友曾提到 SILVER 一字，就「想當然」地到唐人街「銀」宮去赴了個空約；另一次，有人要將車拖往萬里修理，但拖車洋司機不知 Wan LI，更不明白他說的「TEN THOUSAND MILE」而無以「想當然」去從命。他只好試說另一家也相識之修理廠 ──「阿發」名字，當他一出口，雖然說的仍是中文，但立即得到死盯他嘴唇模仿發音的洋司機之「知道了」的反應。原來他聽到的是 AlPha，那是「阿發」的英文譯名。洋人懂了，車子當然就拖給阿發的林先生去修了。

　　雙語招牌應將中英文寫在一塊牌子上，使識中文者感覺一旁的英文只是圖案修飾，使洋人感覺也只看到一塊英文招牌，上面的方塊中文只是點綴而已，諸如 Co-llege Point Blvd 上，正對 41 AVE 的一塊做鋁門窗生意的招牌，就有點這樣效果。有些雙語招牌，非但中英名稱不一致，還要分開寫、分開掛，使不論是華人還是洋人都會認爲是兩個不同的「市招」，如此，不只對店家無益，在感覺上還多了一塊「中文」招牌的冤枉帳。如果有兩塊以上而分開懸掛者，每塊上面仍應中英兼

有，像羅斯福大道上之「素食之家」右側的大玻璃窗上
幾個中國藝術字下方，如果加上幾個同意義的英文藝術
字，洋人走過，就再不會探頭探腦，看看是否尚另有其
店了。同時，以我看，在這條美麗彩虹下面的大窟窿中，
加上一些華人視之為花草的英文字，可能還能加上三分
美觀哩！

　　　　　【美東時報】　僑窗觀景
　　　　　1989-05-21

標價施詐

── 有則改之無則嘉勉

景　　亮

　　近來發現，在本社區內，常有不肖商家，利用廣告及招牌上之文字遊戲（中英文內容不一致）暗藏玄機，來欺騙我華人同胞。也有在貨物標價上施詐，叫人上當吃虧者。現將最近所發生標價坑人的典型事例，供我僑胞參考。

　　數週前，內人到一食品店買海鮮，見一種全家都愛吃的小卷（台語，小烏賊魚），因牌子上的標價，尚稱「公道」（比平常稍低），信手檢來一兩磅，請魚攤人員批價。平常她買這類東西，由魚販批了價看也不看，放在籃裡，等到了櫃台，與其它物品一併算帳。這次因所批價錢與憑她經驗所估計的數目頗有出入，當即向魚販指出與「牌價」不符。該魚販似乎胸有成竹，頭也不抬地答稱，那價「牌」是打工小弟插「錯」了的，實際價格要比此高出若干……云云。該魚販面不改色、毫無歉意不說，令人費解的是，他根本沒有要將那「插錯」

的價牌「改正」過來的意思。

　　老伴本想丟下不買，但見那魚販手快，已將小卷包裝釘好；為避免生氣，只好忍氣又吞聲，拎回家，給全家享受了一頓高價的海鮮餐。

　　事隔不到一週，老伴又要添購食品，當然不願再到那家去找氣受，就到對街另一家去買。她見一種也是全家常吃的乾貨食品，貼在貨架上的單價，要比平時便宜一些，於是取下數包放進菜籃裡，排隊到櫃臺付帳。因包裝盒上並無明確價目，計帳員拿在手上左看右看，不得要領，就胡亂打入一個數字。老伴眼尖，見打入的數字要比貨架上所標單價為高，當即提出指正。孰料該記帳員，非但絲毫未表遲疑，反而惡言相向，要老伴（一個老婦人）到貨架旁看清楚。老伴不敢過份自信，立即退出隊伍回貨架加以確認。記帳員見老伴蹣跚回來，且所言確實；那收銀員雖然表露出心不甘、情不願的神情，但仍將帳單更改了過來。當她算到下一個物品時，倒很得意地打入了一個正確數字進去。她卻出其不意地對老伴一翻白眼說：「你還要不要去對啊？」。老伴頓時楞在那裡，氣得兩手發抖，真想找那站在一旁、卻視若無睹的管理員理論一番。但一想到我不能在路旁停車太久，遭警伯開罰單，只得悻悻回到車上，將一股冤氣發到我這可憐司機老王頭上來。想來真是無妄之災！

　　以上兩則「經商不老實」的事實，只是兩個典型例子，消費者如稍加注意，每天都可能在你我周圍發生。

我無意傷害同胞辛苦所開設之商店，不過，我倒要奉勸店東們，無論這些餿主意與惡劣行徑，是出於你有意「設計」，還是由於疏於管理所致，都應該虛心徹底檢討，隨時改進。顧客眼睛是雪亮的，縱然沉默的大眾不會公開指名道姓指責你，但在私底下，會一傳十，十傳百；結果受傷害的還不是店東自己。

　　最後我得聲明，這兩則故事雖真，但我不願傷害到特定對象，也不願射影到那一家。我只是出於善意，希望諸位華人店東，對於這類有欠忠厚的行為，有則改之，無則嘉勉。

【美東時報】
1990-12-30

廣告推銷暗藏玄機

── 欲配眼鏡且看分明

鐵　夫

　　今年上半年，突然覺得老眼有點昏花，經眼科醫生檢查，原係起因於眼鏡光度不對，必須重配鏡片。由於不久前內人與小兒都曾在緬街一家頗負盛名的「華商」眼鏡公司配過眼鏡，而覺得該店「華人」鏡架師的技術好，頗能滿足「華人」需要，所以老伴勸我寧願放棄保險公司四五十元福利也值得光顧該店一試。於是在內人慫恿陪伴下，帶著另一付破了鏡片，卻還算上乘的舊鏡架前往該店。

　　櫃台小姐知道我只要配付鏡片時，雖面有慍色，卻仍鼓起舌簧，施展其推銷術。她喋喋不休，再三強調一付眼鏡的價值在鏡片，為其單一付鏡片就索價如此高的原因找理由。她帶刺的言詞也使我覺得鏡架真的是無足輕重，甚至懊惱不該將這付舊鏡架帶去自暴「寒酸」。結果，幾經討價還價帶著三分「羞愧」，且在「能省一文是一文」的經濟原則下，還是「只」定了一付鏡片。

　　回家閱報，不意看到該公司正在對老人「一律八折」優待的廣告，屈指一算，即使以洋人的實足年月計算，也已有資格享受該公司所賜惠的「老人福利」，興奮之餘，毫不加思索，拿起電話就和該公司連絡。接電話的還是那位小姐，當我說明來意，並問她為何不當面提示有是項優待時，她答說當時看我那麼「年輕」，想不會合格享受老人福利的云云。她對我這番「輕薄」，的確使我有些飄飄然，然而我志在那百分二十的折扣，於是再告訴她我已過耳順之年，並有文件為証，請她從帳單上減去百分之二十的數目。起先她支吾其詞，不知所云，後來突然福至心靈，想起我配的「是」一付鏡片，急忙辯說，只有配「整」付眼鏡的老人才有「資格」享受優待。她這一擊中我「自卑感」要害的反譏，不禁使我惱羞成怒，我責問她為何在廣告中不予說明，她無言以對，只說廣告怎麼說，是店東的事，她不知道。我要請經理講話，她說經理不在，但勸我隔日再去商量。

　　次日前去，原只想取回定金，取消定單，但既然去了，又想找經理說個明白才甘心。我向店員要求見經理，出來的竟是昨天的那位小姐，她向我抿嘴一笑，說她就是經理。一見已經「無話」可說，巴不得趕快取回舊鏡架和定金後溜之大吉。孰料她那三寸不爛之舌，使我「同意」買下「整」付眼鏡，以能享受其八折優待。

　　當時暗忖，既然如她昨天所說，鏡架「無足輕重」，即使要增加幾文，現能打個八折，大概可以扯平。不料，

待鏡架選定，其計價竟然超過居「首要地位」的鏡片。我一見得（八折優待）不償失，立即反悔，要取消定單。此時該「經理」話鋒一轉，說我眼光好、識貨，所選鏡架品質優良而高尙，並說眼鏡能配得合適與否，鏡架當居首功……。

結果以打折後還兩倍於預算的價款所配的一「整」付眼鏡，算是出於「自願」的，然對其廣告之不週全，表示了強烈不滿。至今還耿耿於懷，真想逮到機會，照洋人作風告它個「廣告不實」。

日前又見該店在華文報紙，大做其「學生一律九折優待」的廣告，引起我十分注意，正擬提筆請消費者小心，再仔細一看，發現廣告內藏有玄機，其中文字句的確是「學生」一律」九折優待」，但在其下方兩行一般認爲只是從中文廣告詞翻譯過來的英文字句—Discount Applies to whole Pair Of Glasses and/or Contact lenses fitting only（意即優待只限於配「整」付眼鏡與／或隱形眼鏡者）裡加了「但書」。此一廣告的設計，確實顯露龍傳人的絕頂「聰明」。它既可欺瞞只讀中文的顧客，又可用洋文來逃避被告「廣告不實」的責任。可是上當的又將是我們「只讀中文」或不識洋文的消費者。

後記：一般眼鏡公司對售後服務都會有某方面、某種程度的「保證」，該公司當也不例外。但請顧客光臨時務必問清楚，以免發生爭執。小兒購自該公司的眼鏡，在游泳時丟掉一塊鏡片，由於該公司稱：「掉鏡片」不

在「保證範圍」內，結果又向該公司以四五十美元配了一塊鏡片。特提醒消費者。

【美東時報】

1990-12-22

起來，不願做窩囊房東
── 守望相住，趕走惡房客

景　亮

　　「啤酒王」同志之「騙子篇」，將那常在車站等處，向華人同胞行騙的無恥之徒的嘴臉，描繪得相當清楚，足可使我同胞提高警覺，而免重蹈覆轍。另外，「騙」文中所述，該騙徒報警，將「蘭羅」（房東）抓走的「這碼子窩囊事」，激起了我寫此「守望相助，趕走惡房客」建言，從而引起共鳴，繼則擴大響應（希望如此）。所以我將啤先生這篇「騙」文，列為他給華人社區的一份歲末「獻禮」。

　　啤先生那碼子陪了夫人又折兵─割地（房）又賠銀的「窩囊事」，令人讀來真咬牙切齒。尤其也像他以地下室出租，而現又正漸漸陷入泥沼的「房東」── 我，讀後更是惶惶不知所措。

　　近年華人移民美國（在紐約，尤以皇后區為甚），置產購屋者，不乏其人；但多半為保其老本（有些為其棺材本，像我本人就是）而購置自住，或出租者，與一

般所謂「實現美國夢」者不同。多數人即使終年胼手胝足、辛勤工作，也常因付銀行貸款而捉襟見肘；年長退休、而無固定收入之老人家，雖人口簡單，在經濟上也會顧此（繳貸款）失彼，故而紛紛將自家的地下室、車房等修繕、隔間成房間出租，以增收益、貼補不足。

在日益增加的華人移民中，置產做「房東」的很多，需求廉價租屋者亦不少。地下室、半地庫雖不合美國的居住條件，但對眾多低收入，且急覓棲身之所的新移民（包括非法居留者）而言，倒不失為一大福音。由於這類不合法的租賃方式，不足為「外」人（洋人）道，只好求諸於華文報紙的分類廣告，來各取其所需。

「華文」廣告，固然可供越來越多、識中國字的「房東」與「房客」用來瞞天（洋人）過海，「私」（華人間）通款曲，乃至幹起不（合）法「勾當」（租與賃）。但是不幸，也有隨移民增加而增多，郤也識「中國字」的「無賴」，利用它來撿個「白住」。因為彼等懂得其中蹊蹺，抓住「法律難以保護房東」的弱點，叫你非但收不到他房租，有些還要你奉上三五百元，才能送走瘟神。最窩囊的，莫過於啤酒王先生那樣，被他倒打一釘耙—上門收房租時，說你騷擾他安寧，叫官差反將你捉進官裡去。在你花更多金錢訴諸法院、將他趕走後，他撒下的一攤爛污，卻還要你自行慢慢清理。結果損失一筆數目不小的銀子不說，還要你傷上起碼半年的腦筋，這對年事稍高、無收入、對僑社百態又不知如何應付的

老人而言，簡直是一種無情的蹂躪。我的一位紀姓老友，就是因此引起心臟病發，因而致死的。

在本社區，這類無賴吃定「蘭羅」（landlord）之事例，時有所聞。因為敗類額上並保無標誌，又會假冒偽善，一不留神（其實無從小心），就會將瘟神請進門來。由於防不勝防，也無計可施，眾位「蘭羅」在招租時，莫不談「無賴」色變。

因為通常這類惡客，白住上五、六個月，就會被驅逐到別家再去害人，所以這類坑人事蹟之發生率，看上去似乎顯得很頻繁，其實此輩敗類可能為數不多，但多為再次吃到甜頭的個中老手。另外，彼等雖無組織，卻有共同特點，那就是一定為合法居民（非法居留者絕對不敢造次），而前來租屋時，會應需要而坦然出示社會安全卡（怕你拒租）。所以如果「房東」能獲得這些慣犯的「資料」（如坑人技倆、模樣、年紀、社卡姓名與號碼）就不難印證、辨別，而將他拒之於門外。

因此我在此建言，眾位房東（根據皇后區租屋分類廣告推算，當有數以千計的像你我出租土庫一類的房東）聯合起來，成立一個守望相助的「蘭羅」聯誼會。參加者，有義務提供「窩囊」經歷（如啤酒王所提被騙事），也有權利獲得眾罪犯的「機密」「資料」，這樣就可使歹徒無法遁形。聯誼會先以「交換情報」（限會員間）為主旨，如有成效，則可聘請顧問律師，專為會員驅趕惡客。甚至籌辦福利措施，向會員房東提供「被坑」補

償。所花（會費將酌情收取）不多，卻可買個心安，做個高枕無憂的「蘭羅」。但願「專做好事」的「社團」來登高一呼，將眾房東聯起手來，趕走惡房客。則我等「蘭羅」幸甚矣。

【美東時報】

1991-02-03

第五篇　眾生相

新進紐約港・方便何處去 (一)

—— 不得其門而入

鐵　夫

　　據報導，抑或親身經歷，在大陸旅遊，各「觀光」點的不「方便」，是最感痛苦無奈的問題之一。我因生於斯，長於斯，薰陶自幼，早已司空見慣，習以為常，尚不致像洋人那樣掩搗高鼻子，掙大藍眼珠，尖叫狂奔。縱然因久居海外，對於滿地黃金，臭氣沖天的「立錐」之地有些「不自在」但只要施上「摒息」內功，揮去漫天飛蠅，倒也能應一時之急。尤其當你內急如焚之際，能有這樣一個「所在」供你紓解，當也不失為最暢快之一樂也。至於是否合乎「標準」與「衛生」，又何必去深究呢？

　　美國人處處講究人道，對於「方便之所」的設置，一般說來頗為普遍而合乎「人道標準」，可惜在紐約的公廁到處鐵將軍把關，不得其門而入；對於新進紐約港之老年人簡直是無情的折磨。

　　我因忍耐功夫有限，隨時有「造訪」之需要，故出

門時，不得不像劊子手隨時對別人後腦袋脖子感興趣一樣，每到一處，在掃瞄的事物中，「廁所」無疑是主要目標之一。只要一看到上面寫著 MAN'S 或 WASH Rm 或 REST ROOM 或 T0ILET，或畫著一支煙斗（非高跟鞋），或一頂大禮帽，或是穿非裙子之人字形的門，頓時就會安心許多，甚至會像狗在街上看到電線桿一樣按捺不住。可惜紐約雖然不乏其「所」，但不能像在自己國土上那像「隨便」「得逞」稱快，尤其在初進港時，因不明就裡，往往一頭衝去卻吃上閉門羹的那種難以隨即「收斂」的摧殘，實在苦不堪言，真恨不得撕掉那張綠卡，不如歸去也。稍後，經驗一多，每當出門之前，必對自己容忍度作一番估量。同時也養成到處巡視「公廁」的習慣。

　　凡從紐約入港而在本社區落腳的新移民，為爭生活，他大多數會有乘坐過七號地下車。從緬街到時報廣場終站，這麼多的車站，在投入代幣進入月台後的廁所，沒有一個不是一把鎖，就是一條大鐵鏈，有些乾脆用十字型的木板加以釘死了。再說，絕大多數的寫字樓，在各辦公室門口都掛有一把供同仁上廁所用的鑰匙，你若不是他們的客人就不能借用。高中老師身邊的兩把鑰匙，其中一把開教室門，另一把則是開老師專用廁所的。學生上廁所則要拿派司，否則「看守」廁所的老師會擋駕不讓進；而裡面每個隔間的前門都已卸下，像咱們共廁一樣可以「坦誠」相見的。在中央公園裡你也能像在

國內一樣可用鼻子找得到廁所方向。（因其門也是鎖著的，憋不住的遊客，既已投奔來此，就來個「到此一遊」，隨地留下紀念，怎麼會不臭氣四溢遠播呢）。餐館與加油站應該是「法定收容所」，可是有些比較雜亂之處，還是要向店家索借鑰匙才得解決問題。

　　紐約所以之要如此「不人道」，其主要目的是要防止犯罪，因為「公廁」已變成吸毒、酗酒、強暴，乃至作奸犯科之最佳掩蔽場所，以致才因噎廢食，造成「不方便」之嚴重問題。不過在此住久的人已經懂得適存，不必杞人憂天為他們擔心。

　　倒是新進港者，就得多加小心自求多福，出門前最好未雨綢繆，以免像我不是尿濕褲子，就是付出「代價」。

【美東時報】

1990-2-26

新進紐約港・方便何處去 (二)

—— 撒尿有價

鐵　夫

在中國農村，家家農舍旁側，都挖有土坑，蓋上毛草頂，圍以泥巴牆，就算是這家的「廁所」。過路客如有需要，隨時歡迎光臨，不取分文。只是施者（DONOR）會覺得肥水留在外人「池」，代價太大。，能忍就忍到自己家去。

在大城市，識途老馬，會不難找到公設方便之所，但除能以「站立」解決問題者外，一律要向坐在那裡打瞌睡的老嫗繳納「紙張費」。至於洋觀光客到得比較多的少數遊覽區諸如北京八達嶺，倒也建有「有水」的「洗手間」。大概為了要以價制量，同時想掙幾個外匯作維護之用，凡要進入者，不管你是站、坐、還是蹲，一律收費若干。這樣的確有效地制止了客滿為患。

美國的一般公廁設備完善，終年不缺水，多半還供應用衛生紙，照理並無為「方便」而花錢的必要。但在紐約，不得其門而入的很多。一個像似新進港的我，為

解一時之急。往往要花去比在大陸多上幾百倍，甚而上千倍的代價。

八二年初，才入港不及半年，那時正在中城一家珠寶郵購公司以三‧七五元一小時，做他們騙死人不賠命的「幫兇」（拆信收支票的文員）。一個春寒料峭的早上，向唐總管請了二小時的假，前往新城高中去應徵一個助教缺。因為時間有限，面洽一完，立即告辭退出，俾便及早趕回公司「掙工資」。當匆匆跨出校門，一個寒顫，抖得我想起應該行個「方便」再走，可是時間急迫腳步快，等理解到確有此需要時，已經走了半條街，同時也不想再口頭向守門的警衛去說明「來意」打商量。索興加速前進，預備進車站等車時再行解決。上得月台看到廁所，衝上前去，門卻是鎖著的，正徬徨間，車已進站，一面跨上車，一面想，即將換車的七四街是個大站，應該沒有問題。沒想到偌大的車站似乎無一人知道「一號」在何方。最後經一位善心警察指點迷津，總算找到一處，但卻又吃了閉門羹。此時越是找不到地方越是覺得難以忍受。無可奈何，急速走過長廊，搭上電扶梯，趕上七號車，將一切希望寄於下一個要換車的中央車站。那知在那裡折騰了半天還是無功而退。損失了更多的「打工」時間不說，「容忍能耐」實在已經已經到了極限。如果出站找地方，也要時間，同時也捨不得一個七角五分的代幣。又毅然決定到紐約最精華所在之第五大道站再去碰碰運氣。結果此路仍然不通；於是再搭

車到時報廣場，出站找到以前有過「到此一遊」經驗的公路總站，才保住個全身「乾」「淨」；卸下「重擔」；急忙買個 Token 投入最近的地下車入口處，進去後卻到不了七號車月台。急中生智，來個當機立斷出去再買一個 Token，去搭上了七號車。從中央車站轉車到聯合廣場附近的打工處，已經是中午時分，同仁都已外出午餐。兩個 Token 加上「掙工錢的「時間」，這泡尿撒得未免太貴了些。被折磨的精神損失還不計算在內。

　　有一次，陪同來自台灣的老同學吳教授夫婦遊車河，在中央公園因公廁上鎖而必須到對街餐館解決問題，以致多花了一些時間，回頭時車上已經夾上一紙罰單，這一「便」的代價也不能算小。

　　在街上的餐館，固然是「法定」「方便」之處，但一般對「不速之客」都不很友善。普通來自中國的新移民並不見得懂得利用，更不會對著洋人指手劃腳說得清「來意」。遇到中文招牌的飯館，又為「不好意思」，總要先坐下點一些吃的，才理直氣壯，單刀直入而解一時之急。當然，最後還是要「花錢」「埋」下那原來可省下的「單」。

【美東時報】
1990-03-05

誰說中國人不愛洗澡？
── 回應殷登國先生大作「洗澡傷元氣」

鐵　夫

　　西洋鏡照到春色無邊的華清池，是想拉開龍傳人沐洋浴的布幔。正苦於不知如何以國人洗澡習性作開場白時，本報（美東時報）卻轉載了殷登國先生的大作「洗澡傷元氣，中國人自古不洗澡」（閱美東時報第一二九期第十五頁）。「洗」文非但對中國人的洗澡深有研究，還表現出殷先生在國學方面之素養。對我除覺得饒有趣味外，還確實爲我帶來許多歷史性的知識。

　　殷先生學問之淵博，是勿庸置疑的，但「洗」文一開頭就說「中國人是個「不愛」洗澡的民族」，臨結尾還說「中國人「不愛」洗澡……」等語，似有詮釋「洗」清之必要。中國人少洗澡是事實，但並不是「不愛」，而是「愛」不到；殷先生引經據典列舉出數位不「愛」洗澡的「仙」人，那是從中國悠久歷史典籍中刻意「挑」出來的特例。也正由於他們之不愛，才顯得突出，而被載於史冊「遺臭」萬年，好讓人們有個寫作的題材；他

們鬍鬚毛髮上的蝨子，固然可能是自於他們之「不愛」洗澡應運而生，但若因此而斷定中國人是個「不愛」洗澡的「民族」，則似有欠公允。.

最後，殷先生說「……原來是客觀環境不利，造成了中國人「不愛」洗澡的習性」，那倒是中肯的結語。不過，我仍舊認為應該將後半句改為「……造成了中國人」不多洗澡的原因……」；因為只要「客觀環境」許可，中國人也是「愛」洗澡的。我也來自「不多」洗澡的中國鄉間，因為客觀條件所限，年少時，除在盛夏能跳進那淘米是它，洗馬桶也是它的河裡洗個痛快（那是嬉戲）外，從來就不懂得什麼叫「洗澡」，根本談不上「愛」與「不愛」，現在，在龍頭一開就有熱水自來的環境裡，我就「愛」天天洗澡。我的「愛」並不是從「不愛」見異思遷來的，而是從「愛不到」恢復到「愛」的本性而已。

今天大陸上，洗澡的「客觀環境」並未見有多少改善。但人們「愛」洗澡的「本性」並未泯滅。我侄子在城市裡一個生產單位做事，單位每星期都會開放一、二次浴室，供員工及其眷屬洗浴，菜場賣豬肉的大娘常冒充為他的眷屬混進去洗滌一下豬臭味，所以我姪子每次買到的都是肥瘦適中的上等豬肉，這豈不是拜「愛」洗澡之賜嗎？

華僑返里省親住飯店，家人總想以「探親」之便，泡個難得一見的浴缸澡。我回去住的飯店離家僅一街之隔，故也常想請家人過來洗個澡，但全家一二十人從未有人動

心、領情，其原因並不是他們不「愛」，而是怕等我們走了又要苦嚐「愛不到」的滋味。因為我家原來有過洗澡缸、熱水爐，因被懷疑底下藏有金條，而與灶台和抽水馬桶一同翻了身。金條沒找到，澡卻洗不成了。家人不願再勾起從有到無的痛苦回憶，所以寧願割「愛」而去當街抹澡。

從嘉峪關穿過沙漠坐了一天車到柳園（自此搭乘去新疆吐魯番的火車），那只是個轉運驛站，只有一條街，沒有商業，也無出產，水也是從遠處運來賣的，四元一擔相當昂貴；路過一陋巷，一婦人正在洗衣服，只見混水一盆，衣服是否洗得清潔不去追究，那盆由衣服絞擠下來的髒水，我料準會留下給成天在沙漠裡做搬運工的漢子回家洗去滿身的灰塵（鄉人常說髒水不髒人！）。他們絕對不是不愛洗澡，而是無「水」可洗。

國人多天之不洗澡，也並非「不愛」，而是不「敢」。室內外溫度差無幾，穿的衣服一樣多，誰敢脫下禦寒的衣裳去泡那離灶即冷的洗澡水？城市裡有洗澡堂，但數數沒有多少家，像上海，上千萬的人，如果人人要洗，要多久才輪到去親芳澤一次？

不多洗澡的中國人也不要太自卑，世界上還真有不愛洗澡的民族；據說，法國香水所以之名滿天下，就是為那些「不愛」洗澡的法國人「蓋」其洋騷味的。信不信由你！

【美東時報】

1990-06-17

龍傳人沐浴

鐵　夫

　　中國人並不是「不愛」洗澡的民族，雖然不如日本人那樣重視，但只要「客觀環境」許可，即使沒有汗水污垢，也喜歡沖個涼、洗個澡，以鬆弛一天的緊張，恢復一天的疲勞。

　　從前，一般東洋家庭，男主人下班回家，一進門太太就跪在玄關，捧著浴衣，不停地喊「奧敷羅」（請洗澡）。如你在日式旅店，還沒有來得及脫鞋，「女中」（女服務生）就恨不得動手剝下你的衣服，請你去奧敷羅。稍早，他們作興男女同浴，那是從家庭就養成的習慣。中國人初到東瀛進公共浴室，對此頗不習慣，女的固然不願，男的也不自在；尤其年輕人，深怕把持不住，會出洋相；所以多半都裹足不前，而造成在東洋人眼裡，支那人不喜歡奧敷羅的印象。其實在所謂「大眾」浴室裡，始終是煙霧騰騰，迷迷濛濛，臉紅也絕對無人知。只要心無邪念，目不邪視，儘管堂而皇之去洗就是了。

　　舊式的日本家庭「浴缸」是個木桶放滿水，人坐在裡面泡的，現在怎麼樣則不得而知。不過現代的公共浴

室,中央池裡的熱水都清澈見底,同時不再是滿佈騰雲,所以男女似已不再同室。同浴人多半在池畔洗淨後,才進去享受那水包皮的爽,如你要像在國內澡堂一樣,擦肥皂搓污垢,那就大失禮數,如在池裡便溺更是大忌諱。

　　來到西洋,客觀條件更好,似乎很少聽到洗澡有什麼問題。其實真正弄清楚洗洋澡的,可能並不多。因為關起門來春光不外洩,洋相也不為人所知。諸如在大飯店的浴室裡,大中小各式毛巾有五六條之多,少者也有兩三條,但真正弄清正確用途的龍傳人,又有幾多?每天送來毛巾都洗得乾乾淨淨,疊掛得整整齊齊,要你拿其中一條來墊地踩腳,似乎於心不忍,同時也弄不清那一塊是擦身的,那塊該是踩腳的?擦頭的是一條,擦臉的又是另一條。洋人用手洗臉,用毛巾來擦乾;中國人的臉是用浸濕的毛巾來「洗」的;因怕傳到洋病,所以洗臉毛巾多半是自備,旅店的小毛巾則用來擦他的香港腳了。成疊毛巾原封不動,會見笑於服務生,所以總要毛巾移移位,弄弄亂,以示大爺也是懂洗洋澡的。

　　初從大陸來的,因不懂掌握各種奇形怪狀,且不同功用的龍頭、開關,既調不出適當溫度的水,也堵不住積不起;問人太丟臉,於是只能沾點冷水洗洗臉刷刷牙就了事。那也不能怪他,因為多年來生活差距太大。至於台灣來的暴發戶,雖然差別不大,但仍「東」「西」有別,初來美做客,也會給招待的主人帶來麻煩。他喜歡將浴室布幔從浴缸裡面拿到外面;他不知道一般家庭

的浴室不像台灣是有下水孔的，等他沖涼完畢，主人還得急忙治水，否則樓下住客就要抗議，嚴重的，還要你賠漏水成災的損失。

　　❖洗澡時間「華」「洋」也有別，洋人多在清晨，龍傳人則喜歡舒適的洗個澡上床去睡覺。如你與洋人住久，為適應環境，也改成了清晨洗澡的習慣，回到老家，鄉親父老難以相信，還說你這假洋鬼子在媚外作怪呢！

　　在美國有些 LODGING，（如學校宿舍、青年會）甚至汽車旅館等的浴室，是兩隔壁合用者；為恐隔壁莽漢在你一絲不掛時闖入，在寬衣解帶之前，要將芳鄰一方面的門反閂起來；同時遮簾也別忘拉上，以防窺視。洗畢務必「解嚴」，否則隔壁室友要入浴就不得其門而入了。但此時在自己房間通往浴室的門也要在內側隨即閂住，以防半夜三更艷賊迂迴侵入！有些，在洗澡時可將布簾拉開，但無法拒絕隔室進來如廁。記得首次到奧大受訓，迷夢中被水聲驚醒，推開浴室門，只見一條大漢，正與我坦誠相見。好在學校安排的是同性鄰居，否則被告老不差，鬧出緋聞，那就跳到黃河也洗不清了。

　　另外，那種令人遐想的泡沫浴，若無人指點，不知怎麼洗。我曾洗過，那是一位討洋人為妻的親戚為我準備好的。但最後還是將泡沫放掉，重新用我「老法」再洗過一遍，才覺得舒服。真土！

【美東時報】

1990-06-24

穿西裝・亮洋相

鐵　夫

　　在紐約街頭，如對過往華人稍作打量，不難辨別出他是老華僑，還是新移民，是竹生，還是外來客。同樣穿的是「西裝」，但一眼就可看出誰是剛從大陸來；並不是有什麼標誌可認，而是總有點「土」味可嗅。在電視鏡頭上看到國內群龍政要身上「西裝」質料似乎並不差，但從其裡面加件長袖毛衣，再無意間在下面露出衛生褲管，看起來總那麼豐滿厚實，怎麼都不能像洋人裡面不穿內衣而只有一件襯衫那麼挺拔瀟灑。這是因為生活條件差異太大，以致「穿著」「西裝」的作用不同，也從而顯出「土」味無窮。從本人自「無」西裝到「有」，而「夠」，甚而到能免穿就不穿的「歷程」中，隱約可見到一般國人穿西裝，出洋相的光景。

　　年少時，常聽大人說「凍死西裝熱死西裝」，並不懂得其含意何在，總感到國人因穿不起「洋裝」，或因怕下代「崇洋」亂花錢，而故意對它做的惡意中傷。雖然時代在變，年歲在增長，即使住在十里洋場大城市，

也始終未敢對穿西裝存過「奢望」。到跨海唸大學，尤其開始想引起異性注意，就漸漸有了打領帶穿西裝的念頭。

第一「件」（只有上裝不成套）「西裝」係黑棉布製成，是學校參加典禮要穿的校服，只是剪裁成洋服樣式，而並不能算是所想擁有的「西裝」。不過當時以白襯衫，配上一條深色領帶（學了許久才勉強繞上脖子）穿在身上照鏡自顧，頓時便覺得像成熟了許多的紳士。四十多年後的今天，拿出當時穿上這新「西裝」照的「半」身像，端詳起來還真覺得是「將來」會當大老闆或大官爺的堂堂之相（可惜有此相沒此命，至「今」仍落得個窮措大）。它起初給我帶來許多喜悅，可是除在學校慶典派上用場外，並未穿過幾次。一則怕在同伴中標「新」立「異」不自在，另外剪裁時因自認尚在成長中，同時還要在裡面容納得下一件毛衣，故特別關照裁得大一點，這樣一件鬆垮垮的棉布「大褂」，穿上街難免有出洋相耍寶之感，故一直是壓箱底的紀念品。最後是如何處理的，事隔四十年已不復記憶。

出校門剛做事領「薪」「水」，就想有套夢寐以求的「西裝」，可是當時待遇微薄，要一點一滴省下來做套洋服，幾乎是杯「水」車「薪」之比。好在南台灣天氣暖和，加上正值克難節約運動推行得如火如荼，就連訂婚時，穿件平整而略帶顏色的港衫，也未顯得寒酸。至於「西裝」只好列為「努力工作」的目標，巴望結婚

時能穿上一套量身裁製的「禮服」。

經兩三年的束衣節食，總算走入了結婚禮堂。在整個「喜事」預算中，那套藏青嗶嘰「西裝」是最大、最重要的一筆開支，其他一切則克難從簡了。四月中旬雖已溫暖如初夏，但為顧及其「將來性」與「廣用度」，還是以深色，有夾裡，且在冬天可加件毛衣的要求剪裁的。在尚不作興談冷氣的年代，從早上前往照相館照相，到深夜被送進洞房為止，一直背著這套「禮服」，我這新郎的甘苦，至今尚餘悸猶存。

不久，岳父大人托香港時報主筆，帶來米灰色軋別丁（而適於春秋穿用的）西服一套，雖不如量身製裁那末服貼，但這第二套西裝，使我在一年三季內（當時夏季似無必要）「可以」、且「應該」穿用時，得以衣冠楚楚，滿足了一陣子。（能不穿時，就儘量加上罩子掛在那裡，以免弄縐）。但好景不常，一場大熱天的喜酒，引發我對一年四季要各有一套西裝的慾念。

當年有位來自香港，專為洋人在台灣打華洋官司的名律師，為其公子完婚，我們一群剛出校門做事（有助教、教員、公務員、技術員）的窮小子，也「有幸」各得紅色炸彈一枚；那是女方發的喜帖，因為新娘是我們這群同學的共同朋友（其實是內人嫁我前之閨友）。我們之被請，一方面是要向我們當中想吃天鵝肉的浪子們宣示，她已吊得金龜婿；另一方面要向男方炫耀，本娘確有一幫最高學府（該時尚無研究所之說）畢業的朋友

（其父雖是美國留學博士、大學教授，但其本身只念過一年大學，未再繼續。至於新郎只是有錢，書似乎念得也不怎麼樣）；當然希望我們能爲她增些光彩。

　　婚禮是在當時剛落成不久而公認爲豪華氣派的三軍軍官俱樂部舉行，賓客中無不是達官顯要、大亨鉅子，真是冠蓋雲集，顯赫一時；我們這群能「憑帖」入場，可謂受寵若驚！由於賓客「高」貴，無以「高」攀，我們還是像以前一樣嘻嘻哈哈自成一堆。待禮成入席，覺得這麼大熱天還有些涼意？環顧四週一看，原來我們未穿禦「寒」衣著，賓客中都是西裝革履，只有我們，男的只是淺色港衫一件，女的只是素旗袍一襲。在百桌「烏」（鐵灰西裝正流行）中一桌「白」，難免醒目突顯。雖然我們可以自鳴清高，但「寒」氣侵逼，卻是活受罪。由於當天我們「寒酸」薰天，嚴重損害了新娘的「面子」，於是從此不再與酸味逼人的我們來往，並殃及已嫁與我爲妻 ── 她的閨房密友，彼此斷了音訊。

　　經此強烈「刺激」，我工作「努力」的目標又進入另一境界─要能在火傘高張下穿上西裝，打上領帶。後來非但有了「夏天西裝」，而且還有足夠的套數供一年四季「換洗」。過了許久，終於有一天，居然做了那位「新娘」府上的座上客，不過，我雖然穿的仍是一件香港衫，而並不是畢挺的西裝，但卻還受到熱誠的招待，這因爲她那當時身爲某名洋行經理的先生，有事要求教於我也。

　　「西裝」「洋服」，係「西洋」人穿著之服裝，你
若媚外崇洋硬要在土窯裡照著「洋規矩」穿上它，冬天
當心著風寒，夏天更會叫你燜出痧。

【美東時報】

1990-05-13

土包子與洋牛奶

鐵　夫

　　國人所指「包子」，大多是說豬肉包（否則會註明素包，或豆沙包），因為比較油膩，通常都要蒸「熱」來吃。吃包子時，喝的也必須是「熱」的湯或茶、或豆漿，才不致傷胃損腸。

　　所謂洋牛奶，則係指在超級市場，隨時可買得到的「冰」牛奶，越是冰冷，洋人認為越鮮美，但來自國內的同胞，對此卻不敢領教。要喝牛奶，假如買不到奶粉用「熱」水來沖泡，也得將紙盒裡的「冰」牛奶倒出來蒸過再喝，否則不是肚子嘀哩咕嚕，就是猛放氣，成天覺得不舒服。如果要他用冰牛奶配肉包子，尚未進到五臟廟，就會恐懼得好像大禍臨頭，即使沒有任何情況發生，仍會覺得好像喝了巴拉松似的惶惶不可終日；一定要到次晨梳洗照鏡，證明自己還健在時，才放心下來。

　　吃肉包子配冰牛奶的確會「水土」難服，多數來自中國鄉間中年以上的新移民，對喝牛奶本來就覺得「洋」味重而反胃，再叫他喝「生」「冷」的，他寧願挨餓，

也不願拿「生命」來冒險；要不是，就不惜多花點時間來熬碗稀飯，或泡碗生力麵。有些還諄諄教誨 ABC 孫輩，也不要「亂」吃生冷。難怪紐約的國寶米、肉鬆、醬菜、乃至皮蛋、豆腐乳，生意總隨著移民增加而不斷成長。可憐的是一些一來就投奔到沒有「華界」（中國城）的遍遠地區，與兒女同住的老人們，因其胃從來就抗「洋」，「過」不慣，紛紛不如歸去了。

　　有位同事的老太爺，從香港來此已一二十年，對於洋人用麵包二片，配以稀稀鬆鬆堆得滿滿的一碗生菜（沙拉）就算一餐，一直說老蕃沒吃的文化！經常問他女兒，說洋人都這麼大個兒，不每餐雞鴨魚肉、大葷大素，怎麼吃得飽？是否因為太窮，吃不起？近年他因得糖尿病、高血壓、消化器官也欠佳，甜的不能吃，鹹的有限制，油水多了又影響消化，兒女們屢提「洋」食譜，總遭怒譴，說他們沒孝心。寧願與孫輩們同淪為「偷」開冰箱的「貪」食者，死也不肯「崇洋」。

　　這種身在「洋場」中而仍保持「老法」者，一般人都稱之謂「土包子」，其實這類因生理需要而不願「改革」者，只能說是頑固，並不一定是「土」。而那些掩「土」不成反出「洋相」的，像當年土包子下江南，到地攤上買個水龍頭插進牆裡，水不自來而大罵山門的；在上海虹口原日軍司令部裡，倒米到抽水馬桶洗淘，一抽水就不見蹤影的，才是出盡洋相的「土」。廿來年前老漢第一次來美國，在舊金山進洗手間，兩手沾滿肥皂

卻找不到水來沖的尷尬；前不久在亞特蘭大機場進廁所，剛站進位子正擬開閘之際，突然聽到唰的一聲沖水聲而嚇了一大「跳」，那才是「土」包子出「洋相」呢！

洋人花樣多，非但與我門「習慣」不同，有些與我們思想也相左。就以日常見到的自來水龍頭為例，以前只知道反時針旋轉的是開，順時針是關，可是在這裡你會發現，除旋螺左右相反的外，尚有上下左右扳動的，有手碰的，也在腳踏的，有凸顯的，也在隱蔽的，更有用電眼來伺候的，各式各樣，不一而足。

在此已是居住了九個年頭，至今還是常常鬧笑話的土包子。為能使新進港者，早點洗去一些「土」味，且請繼續看看「西洋鏡」裡的各式「洋相」。

【美東時報】

1990-4-29

第六篇　生活隨筆散雜文

貪字害人

── 答大牛「金光黨為啥不死」一文

鐵　夫

　　當大牛兄您下筆問金光黨為啥不死時，一定對金光黨已恨得咬牙切齒。否則為什麼明知道他們死不掉，而還聲言要他們的命呢？鐵夫在此奉勸牛兄您，不要再存此奢望，金光黨永不會絕跡於世的，除非世上不再有龍傳人去不斷餵養他們。正如地上只要一天長得出青草，人們就不愁沒有牛排享受。龍傳人拿來餵「金光黨」的，卻並不是青草，而是一個「貪」字。

　　用「貪」加諸受害人，似乎太刻薄，且缺乏同情心，可是從每次的「案情」分析，那一件金光黨得逞了的案例，其原因不是出於「貪」？也許並非主動去「貪」，但至少總含有一絲貪念在內。反過來說，那一個毫無貪念的人。給金光黨侵襲得逞過的？

　　大牛又問那些被騙的同胞，為什麼那麼無知，都不去「看看報紙」，這是您報老闆一廂情願的想法。不錯，您辦報紙，悲天憫人，成天為民服務，可是龍的傳人中，

又有幾人拿十年寒窗辛苦學習認得的幾個大字當作求生工具的？更遑論要他溫故而知新去吸收「知識」了。何況報紙不會天天為此「啓事」示警，不每天看報的，也許就偏偏漏掉難得一次的「警告」。再說龍傳人來到這個花花大千世界。正如長江後浪推前浪源源而來，前浪碰了碎波堤，後浪並無知覺，還要一波接一波跟著去碰。所以金光黨的「章法」雖然還是那一套，對前繼後仆的「供養者」而言總是有利可「貪」的新鮮香餌。

金光黨的黨魁，祖師爺，一定是研究人性、心理的權威，他知道人間只要有「貪」，他的徒子徒孫就會永遠延綿不絕。不巧，這個「貪」的因子在龍傳人身上特別發達，所以金光黨在群龍後人當中、永遠是找得到營養的，您說他們怎麼會死得掉？

鐵夫有位先後在台灣和此地同事三十餘載的老朋友，是位工程師，而曾擔任其他國家的通信技術顧問，論學問與見識都是一流的，而且有過在地鐵遭歹徒襲擊不省人事，被送進醫院急救的輝煌記錄，每天閱讀兩份以上華文紙紙，對於社會動態瞭如指掌，不能說他是「無知」，誰料有一天他居然被騙上了金光黨的車，而險遭不測。我說他「貪」，他翻臉說我對他誣蔑。他振振有詞地說，他之坐上賊車，是「仗義」行事，要監視金光黨將那包檢來的、沉甸甸的花旗票子是否真正送往警察局，以防歹徒「獨」吞。所幸在半途上金光黨強迫他回家取存摺，覺得事有蹺蹊而形勢嚴重，遂反將金光黨「騙」

到他太太打工的工廠求援，才算有驚無險，落得全身而退。說他貪，因為有損他的自尊，當然死也不認帳，可是他真正被「引」上車的理由，是二個金光黨人要他去警局做見證，同時告訴他，他也可作為「拾金人」之一，將來在規定時間內無人認領時三個「拾金人」就可三又三十一來分。他當時想，這麼容易的錢不要白不要。同時又怕那兩個拾金人「圖謀不軌」，將錢不送警局而「吞」了，所以他就「毅然」充當「正義」之士，上了車。是否有「貪念」？他嘴不承認，心裡卻有數！

　　此地的金光黨，不只是說西班牙語的或黑人，龍傳人也有在此組黨的，他們的目的當然也是要「光你的金」，可是他們的胃口更大手段更高明，因為他們更瞭解同胞之「貪」念何在。我本人就在七年前剛進港之初，被在長島市開電子工廠的程胖子，利用在某高中當老師的同事毛中人之神聖教職，和其道貌岸然的外表，騙去我六塊棺材板中四塊大的。原因無他，也是因為我的「貪」—貪圖出錢當「現成」老闆，賺錢渡餘年！毛中人之自甘淪為見利忘義，也是出於「貪」—貪酒肉，因為胖子揚言，如毛要仗義執言，就不許到他家搓麻將，這樣夫婦倆一星期二、三次之酒肉（胖子聚賭，太太下廚侍候）美餐就會落空。貪會叫你出賣人格，悲哀！

【美東時報】

1990-03-25

「貪」杯

鐵　夫

　　多年前，在本社區凡裝有有線電視的華人，可能常見到一個介紹我國固有文化的藝術珍藏或科技奇品的節目，時間雖短，然而所介紹的項目，真是令人瞠目結舌，稱羨不已；觀後總難免要讚嘆我大漢民族固有文化是如此偉大，科技是如此的精湛。

　　有一個星期五的午夜，介紹了大陸稀世奇珍。一是一個銅盆，盛滿水後，用手輕輕摩擦盆邊，非但會噴出串珠似的銀色水柱（先沿邊緣逐漸「波」及中央），還會嗡嗡作響；它叫什麼名字，因為旁白太快未及記憶。

　　另一種，也因為只顧聚精會神欣賞其表演，其旁白也充耳未聽。很可惜也連個名字都說不出來，不過事後我倒為它取了個「貪杯」的名字。

　　此杯實際上是稍為大一點的茶盅，在其中央有個高出杯口邊緣，且似彌陀的像。在此像腰際之上、胸口的當中，點了一顆「痣」，在茶盅底部則有個可以漏水的小洞。當表演者將水徐徐倒進茶盅，水面未及那顆「痣」

時，則滴水不漏；當水滿及「痣」記時，水就會從底部
漏出，倒得越多漏得越厲害。其奇妙之處是，一旦滿及
「痣記」時，非但它會將超過「痣記」以上的水漏去，
就連「痣」記以下原來所盛的水也會漏出，並且到漏光
爲止。

　　這個杯是怎麼造成的，是何原理，未見表演者作進
一步介紹，我想她也不見得知道，可能也沒有人知道。
我不懂，也不想去傷腦筋爲古人擔憂，不過我想造杯者
非但懂得物理的自然定律，還必定是個巧匠，才能造出
這種「莫測」高深的玩藝兒來。

　　他非但是偉大的藝術家，而且還是個富有幽默感的
哲學家。此杯之漏水現象，也正警醒世人：取，可以，
但要適可而止，更不能「貪」，如你貪得無厭，就連你
原來既得之份也會被奪去無遺，這是何等偉大的儆世之
作！。

　　在美國西部片中，常有掏金者因「貪」，不惜將同
伴殺害，而奪得全部金沙，結果因負荷不起，非但全部
金沙拋棄，也送掉了性命的故事。不過，如果他們早也
有了此杯作借鏡，我們就沒有這麼多好的西部淘金電影
可看了。

【世界家園】
1997-03-23

愛屋及「鳥」

鐵　夫

　　早晨起床，照例將餐廳朝向後院的窗簾拉開。咦！怎麼窗臺上多了一個殘缺不全的鳥巢？哦！原來昨天下午因感到天悶而開了一下抽風機，將原來築在排氣管口的一個鳥巢吹落到了窗臺上。

　　稍後，只見一隻小鳥正在忙著啣草修補，看來牠已經認命，預備遷就這塊平台作為重建家園的基地了。

　　無論築在屋簷下，還是出風口，尤以在常會開啟的窗臺上，鳥巢總會帶來骯髒，難免令人生厭。隔日上午，妻在來訪的友人慫恿下，趁小鳥外出覓食時，開窗用掃把將它掃到了窗臺下的地上。

　　午睡後，在餐桌前正要端起茶杯，不經意地向窗外一望，赫然發現窗臺上，在原來那被掃落的鳥巢的位置上有了兩個鳥蛋，其中一個還有些裂痕。啊！可能是那母鳥覓食回來，發現尚未完全修復，準備在上面下蛋的巢窩不翼而飛，卻急於「生產」，只好在原來所築巢窩

的位置上，就地生下了兩個蛋。下蛋時，大概過於急促，落地太猛，同時牠也並未意識到腳下是塊硬地，以使其中一個破裂。

由於我情不自禁的驚呼，妻聞聲前來一起觀看。只見那母鳥飛了回來，驚恐地站在蛋旁東張西望一陣後，居然就伏在蛋上孵了起來。

這震撼人心的情景，使我倆惻隱之心油然而生；做了祖母的老妻，更是爲毀了鳥兒辛苦建成的「家」而悔恨、自責。

我倆在窗裡指手劃腳的身影驚動了戰戰兢兢，正在孵蛋的母鳥；牠望著我們遲疑了一下，還是情非得已地飛離了兩個孤蛋，卻停在附近的樹枝上，目不轉睛地瞅著我們，顯然對「人」起了戒懼和疑慮。

牠飛開了也好，妻就趁此躡手躡腳到後院地上，將那再受重創的殘破鳥巢，捧了上來放回窗台，並小心翼翼將兩個蛋搬到鳥巢裡面。

我們這懺悔、抱歉進而補償的行動，除了表示同情還想求得心裡平安，但那鳥兒顯然難以善解「人意」；牠雖然飛回那破巢繼續孵蛋，但隨時在提防著「人」的侵犯，一感覺到我們走近窗口，牠就毫不遲疑地振翅飛離，在樹枝上守望著尚未孵化成的蛋，無疑還對我們深懷著敵意。

我們在牠外出覓食時，悄悄地撒了些麵包屑在牠的巢窩前面，想以免除牠出外覓食的辛勞，也好讓牠安心

「座月子」。牠似乎漸漸察覺到「人」的「善意」，因為當我們再走到窗口探望時，不再像驚弓之鳥飛離他去，反而會伸出頭來表示友善。

　　顯然彼此前嫌已經冰釋，現在我們即使打開窗戶牠也不懼怕，當麵包屑撒出去的時候，牠會立即出來啄食，表示出善意的「回應」。

　　為了「愛屋」總不能讓鳥任意築巢，為了「及鳥」又不忍心任意搗毀牠的巢窩；一個萬全之策，就是立即到寵物店買了兩個「鳥屋」掛在樹上，好讓後來者築巢也有其「屋」。

【世界日報】

1998-07-01

綠手指
—— 蒲公英之宿命

鐵　夫

　　農曆年甫過，翻開日曆一看，年初四就是立春，意味著大地就將復甦。凡有那末一畝三分地，或前後院有許些空地的，都會開始計劃著如何使荒蕪已久的土地變成綠油油的田園，將沉寂的庭院重建得滿園春色。

　　我家庭院不大，不致有「農忙」時刻，但總得將前後院整理得不致引起左鄰右舍說三道四；至少要讓兩塊草地有它們應有的尊嚴。在其四周種植些紅花綠葉，好讓它們能相映成趣傲視群芳（鄰）。

　　兩塊草皮不大，但要維持它們翠綠一片，剷除蒲公英則是每年最令人氣結的棘手難題。每當大地回春，萬象更新之際，草皮在人們期盼、寵愛之下發出嫩牙；蒲公英也在大自然賦予的權利下，冒出地面來綻放它的花朵。

　　蒲公英亦名黃花地丁，是菊科，屬多年草本。到春月花軸從葉叢生出而接著開出黃花。因為它並不美麗，不討人喜愛，不會有人去種植。它不但有礙「觀瞻」、

妨礙人們所喜愛的作物之成長，還藉著花頂上白毛之飛揚到處散播其不受歡迎的孳種。它不容於田間，更不容於庭園。

　　草坪上蒲公英的多寡，是評比庭園等級的標準，也是影響這家甚至左鄰右舍房價的參數；所以消滅蒲公英，似乎人人有責，我每年也得全力將它捉而誅之。

　　它是多年草本，每年雖經酷寒摧殘，但春風一吹它會又生；由於總夾雜在同色的草皮中悄悄冒出，直到黃花綻開時，人們才能知道它的所在。既然難以防堵它的潛入，只好狠下心來見花就摧。每年當你發現第一朵黃花後，就要準備每天充當摧花殺手，一直到葉落深秋才能罷休。

　　起初，只是見花就摘；因其莖細嫩，一早起來很容易就可使得全院不見黃花，求得一天悅目。可是次日旭日東昇，卻又見黃花依舊，甚而數量更多。日復一日只見其數有增無減，每天數不清的朵朵黃花，摧摘得我手都發軟。

　　經觀察發現，它從葉叢生出的花軸不止一條，當天開花的也許只是其中之一，其它的可能隔日再開；從此悟出為何斬草要除根。說實話，從被剷而露出鮮黃色的根部來看，如果不把它深挖拔除，它將為害何其更深！

　　我肥胖肚突蹲下不易，必須用鋤頭站著去挖；由於準頭較難掌控，出手時必須投鼠忌器，以免殃及無辜。在挖掘循花而索得的根部同時，如發現左近有其同夥

在，則也順手剷除之，以減少日後要摘除的黃花數。有時事後知道挖錯了對象，但爲維持庭園不受侵擾，寧可錯殺一百，亦不能錯放一個。

　　還有，所摘下的黃花必須揀起棄之於垃圾袋，以免它乾後藉著飛起的白毛散播它的種子。挖起的根部不能棄置於原地，因爲它會藉地還魂。

　　談到如何撲滅蒲公英，想起當年都在「除去了野草好長苗呀」的同一口號下，岸東之「整肅匪諜」，河西之「揪出國特」等的作爲，令人不寒而顫。

【世界副刊】

2003-03-12

世副迴聲

── 看《泡飯》吃「泡飯」

鐵　夫

　　五月十六日星期一，到附近中國超市去買《世界日報》。報買回來覺得有點餓，於是先放下報，到廚房拿出豆腐乳兩塊、花生米一碟、和醬菜一盤；再盛出隔夜飯一碗，用電熱壺裡的熱水過上兩道，遂成爲一碗熱騰騰的「泡飯」。

　　坐定，攤開報紙，迫不急待地抽出世界副刊來看，卻一眼見到《泡飯》一文。

　　許先生對泡飯情有獨鍾，入木三分的回味描述，我讀來感同身受；他那準洋媳婦送來的一鍋泡飯，想必他吃得額外舒暢爽口，且甜在心頭而回味無窮，令人好生嫉羨。

　　看來許先生府上當年一定家境不錯；因爲他們的泡飯是刻意先煮成飯，再放水煮成的，爲的是要享受那舒暢爽口的泡飯滋味。然而當年一般上海人吃泡飯的情況不大一樣，刻意煮來吃的固然也有，但是一般吃泡飯都是圖個方便；將熱水瓶裡的開水倒進現成飯裡，淘一淘

倒出，再倒進適量熱開水，就成為一碗熱泡飯，為的卻只是裹腹。

　　一般上海巷衖裡人家，為要讓討生活或上學的能在早上及時出門，多以泡飯當早餐。因為起火燒開水既費時又不合經濟（因為爐子好不容易生著後，要空著等燒中飯），泡飯用的熱開水多半提著熱水瓶到老虎灶（專燒開水賣的店）去打（買）。每天一早在老虎灶門前排隊打開水，算是上海司空見慣的當然一景。

　　我吃泡飯時的配菜常見的有新鮮白豆腐（上面灑少許鹽巴淋上醬油，吃起來別有風味）、油吞果肉（油炸新花生，其味可與肉比美）、和各種不同的醬菜。因為一般不會有冰箱可以儲藏，這些醬菜都得到巷口的醬園舖去現（或前一兩天）買。

　　醬園舖賣的配泡飯醬菜色樣也特別齊全，我常喜歡吃的，除什錦醬菜、醬瓜、蘿蔔乾、和醬泡洋薑外，還有那醃製的山東青蘿蔔條、大頭菜和南方的小蘿蔔頭。帶有少許鍋粑味的泡飯和這些從醬園舖買回的醬菜配來吃，既爽口又開胃，算是一般小市民在吃食方面的一大享受！

　　現在的上海，煤氣家家有，沒有冰箱者極少，做起泡飯來至為方便；但是沒有了老虎灶，也不見了醬園舖；打從冰箱或罐頭裡取出來的醬菜來配泡飯，其味道，至少氣氛與我所回憶的就大異其趣了。

【世界副刊】

2005-07-08

求　婚

──轉　嫁

鐵　夫

年老了回故里，與家人尤其是兄弟姐妹們瞎扯山海經，談當年「英勇事蹟」最爲來勁。我談的總不外乎是當年如何「逃婚」的光榮史。

每當說起此事，小我九歲的堂弟不甘示弱，也講了個差點當冤大頭的婚姻故事。

他差不多也是在十三四歲的時候，由親友妁合，經他父親同意與姑表妹訂了親。他那時還年幼，覺得這門親上加親的表兄妹相配，是件天大的美事，高興得手舞足蹈到處張揚，說他已經有了未婚妻。後來因連番的政治運動，使他離鄉背井到外地求學、參加運動，但心中總惦念著這個訂了親的表妹。

當他重回家鄉時已經是個二十出頭的青年人，雖然有早點將那美嬌娘娶回家的念頭，怎奈經過共產洗禮的家境並不理想，加上舅舅是個重勢利愛金錢的人，那時要想與表妹成親，簡直是個遙不可及的夢想。

　　回到家鄉他惟一可以自我控制的就是，死心塌地埋頭苦幹去賺「錢」，期望有一天能賺夠了錢，再來完成終身大事。然而他只能把這個美麗的目標定在將來，而並未抱有近期就能實現的希望。

　　但怎麼都沒有想到，就在回到家鄉還不到一個禮拜，突然有一天舅舅親自跑到他家來，與他父親商量，要將女兒馬上送過門來，聘禮多寡也不再苛求，但是要越快越好。我叔叔雖然高興，但不免覺得有些蹊蹺；至於堂弟自己當然是喜出望外，高興得樂不可支。全家動員起來共商大計，預備立即向其他親友籌錢來辦好這檔喜事。但因為要整修房子，添置傢俱，全家上下添置新裝，怎麼說也得要六個月才能準備就緒，然後再風風光光將媳婦娶進門來。可是他舅舅要求的卻是「馬上」，也就是要在一個月之內就要他們拜堂成親；然而我堂弟全家是在當件頭等大事辦理，不想草率行事，最後讓到至少要三個月以後。

　　一方要快，一方要辦得從容一點，兩方弄得僵持不下。舅舅見「求」「速」婚不成，沒過幾天他居然託人前來毀婚，說是女兒不嫁給我堂弟了。害堂弟全家弄得一頭霧水，手忙腳亂不知所措。

　　後來才知道他舅舅之所以要那麼急的將女兒送將過來，是因為他女兒不久前和另一位一直住在鄉間的姨表兄有了曖昧關係而暗結珠胎了。正不知道應該如何處置時，剛巧我堂弟回到了家鄉，他舅舅靈機一動，立即預

備將這筆帳推到我堂弟頭上。沒料到我叔叔一家在時間上不肯讓步，而他又怕晚了就要當堂（禮堂）出醜。乾脆就將女兒早早嫁給那偷吃禁果的姨表兄了，我堂弟才幸免於當上一個「不勞而獲」的現成爸爸。

【世界副刊】
2006-09-06

生命的渡口

鐵　夫

　　常言道，生、老、病、死，是人生必經之途；人既「生」到這世上來，他就必然會「老」，繼而凋謝 ──「死」；也就是說，人一進入「老」年，面對的就是「死亡」。

　　旅居美國將近二十年來，「資深公民」也已當了八個年頭。所謂資深也者，就是年滿六十二歲的，在美國這個社會裡，就可被尊稱為 SENIOR CITIZEN；此時，你也已被認定「老」，而步入人生在世的最後階段，且向著另一個世界的旅程進發了。

　　因為各人的環境與健康情形不同，從邁入老年到死亡的期間長短也各異；有的一旦退休或解甲歸田，就與世長辭了；有的卻能活到七老八十，甚至上百歲。無可諱言的，人一到老年，無論是體力上，或是精神上，都會呈衰退現象；但是要走到人生盡頭，往往還有一段路程。人老不中用，就變成了這個世界的累贅；同時因為體衰多病，而其前程又只是「死路」一條，怎能叫老人

家不會有「等死」的感傷？

　　這等常被稱之爲銀髮族的，在整個人口中所佔比例不小，且從來就是社會結構的重要分子，因此自古以來，凡施行仁政者，無不將如〈禮運大同篇〉中所說的「使老有所終」列爲施政措施之一。

　　我國禮運大同篇所勾勒出來的，是最完美的理想世界，國父所創三民主義也是以此作爲其最高理想。它所以之能在聯合國成立時，被刻成碑文放在大廳中；實在因爲它是，以「愛」「人」爲其出發點，而足以傲世的，最偉大的理念。

　　在對「人生」的關愛方面，它要爲政者做到「……不獨親其親、不獨子其子；使老有所終，壯有所用，幼有所長，矜寡孤獨廢疾者，皆有所養；……」。其中「老有所終」，就是要讓年老者如何頤享天年，走完這段在人世間的路程。

　　當然，這種大同世界，必須具備富有、和平的條件才能促其實現。舉目望去，在當今的世界上，似乎只有山姆大叔在朝著這個理想進行；雖尚未臻完美，但其方向倒總是對的。

　　就「使老有所終」而言，美國的社會安全制度，在在都在使老年人能頤享天年，並得以善其終。由於它不是「賑濟」，而是一種「福利」，老年人都覺得活得自在，死得有尊嚴。

　　在紐約，有很多宗教團體或私人機構，在社會福利

制度的鼓勵與支助下，設有所謂的「老人中心」（SENIOR CENTER）。這些中心都有為老人設想的設施與節目，免費供老人們作休閒活動，以娛晚年。裡面服侍老人的以義工為多，其中身體健康，家庭富裕而其本身就是老人者，也不乏其人。他們都是以「助人為快樂之本」的理念，為其他老人倒茶端飯，以發揮其「餘熱」的。許多「老人中心」除了提供各種設施和節目外，還供以最便宜的午餐（也有早餐者），老人們一早到了「中心」，就可盤桓到太陽西斜。

我在退休後，每天早晨走路到位於皇后學院對面，一個供早、午餐的老人中心，去吃七角五分的早餐；其真正目的是在與老伴作三十分鐘的晨間散步。至於中午，只有週四，去到一個叫 LATIMA 的老人中心，因為那天提供的是我所喜歡的魚排。

到 LATIMA 吃中飯的老人，各色人種都有。一天，與鄰座的一位西人攀談起來；他很傷感的說：「他來這裡吃午飯已七年多，常見到有新人來，但不見再來的也很多，這是我們的 LAST STOP（終站）……」，令人聽了不勝唏噓！此後不久，在那角落他習慣坐的桌上，突然沒有了他的蹤影，起初以為他度假去了；至今年餘仍未見他再度出現，大概他已在「終站」下車了。

「人」，總難免一「死」，但在宗教上來說，人嚥下最後一口氣，並不是死，而是走向另一個世界去；信佛的說是到西方極樂世界，基督教則說到天國。所以我

認為那些「老人中心」不應被視之為「終站」，而應視為乘船的「渡口」。當老人嚥下最後一口氣時，他是要乘船去向另一世界，如今大家到此是候船來的。

各人要乘的是要開往何方的船，坐的那一等艙，則要看你買的是什麼樣的票。這張船票的好壞，則全憑你在嚥下最後一口氣之前的所作所為的代價了；「渡口」只是供你息腳候船的地方。老朋友們，讓我們一起努力，買張到天國去的頭等票再上船吧！

【成大網站】
【文薈】
2008/9

　　註：禮運大同篇的內容是這樣記載著的：『大道之行也，天下為公，選賢與能，講信修睦；故人不獨親其親、不獨子其子；使老有所終，壯有所用，幼有所長，矜寡孤獨廢疾者，皆有所養；男有分，女有歸；貨惡其棄於地也，不必藏於己，力惡其不出於身也，不必為己；是故謀閉而不興，盜竊亂賊而不作，外戶而不閉，是謂大同。』

第七篇　如是我見

郵政「工作」之「投標」

—— 此標克治彼標

金 亮

　　前不久，在此間某報副刊中發現一篇文章 ——「投標與受訓」，標題甚爲不尋常，同時因作者名字似乎很熟悉，（後來弄明白，並不是我誤認爲的那位服裝設計名女士，其名雖同，但其姓則差得很遠），吸引了我去注意到文章內容，經一讀之下，發現他寫的內容居然是與我本身有關的郵局工作的投標事情；因爲我也在郵局工作，二年多來也一直對個人職務「投標」事宜深感好奇，但始終難於完全弄得明白其中錯綜複雜的演算公式（郵局方面執行此事，可能非借助於電腦不可，因爲以他們的數學水準，若以人工計算，一次標開下來，可能三天得不到答案。）故使我這個平常對副刊並不十分感興起的人竟一口氣讀完了那篇大作。因爲那是隨筆方式所寫，是一篇有關作者在郵局工作的經歷隨筆，其中涉及的「投標」佔了一大部份。該文大致是說美國郵局內部工作之升遷調派，爲避免引起糾紛起見，一律以投標

方式爲之，誰投的標「資」高，誰就得標，所以每次有人事變動時，必會在一、二週前公告通知，讓有興趣者去「投標」。

　　人事升遷，「職務」調派要「投標」！在國內時，似乎也聽過有此一說，那是不名譽的傳說，也是事出有因，而查無實據的糗事。現進得美國郵局，他們居然明目張膽地公告通知，要大家去投標（BID），乍聽之下，難免驚嘆天下烏鴉一般黑的真理。難道在這個極度民主法治的國家裡，居然也同流合污了？實在令人難以相信；但經過一段時間，連自己也變成投標人之後，發現人家的投標與我在國內所聽聞的謠傳卻大異其趣，非但此標與那標迥然不同，而此標似乎專爲克治那標所設。

　　因爲此標所出的「價」不是見不得人的紅包，而是投標人的人事記錄；諸如年資，等級，勤惰，病假多寡，功過獎懲以及學、經歷等都是得標的因素。其中絕不允許人情或權勢去左右。因爲一旦稍有不慎，主其事者就得吃不完兜著走（前些時皇后區區長因貪了並不算多的不義之財而東窗事發，結果自殺身亡以謝罪。）貪贓枉法一經發現，國會議員也無能爲力，天皇老子也只能在死後送來鮮花弔祭亡魂，聊表老友情誼而已。

　　也許有人認爲我崇洋媚外，妄自菲薄，仗他人之氣，道自己所短，其實我是極度愛面子的人，在國內時常爲保持友朋們的清譽，而力排眾議，爲彼等辯護，從內心中也真不相信那些謠言，希望那祇是惡意中傷而非事

實，可是有一回卻被一位年輕屬下當眾挺身而出，以其自身為例證，使我從此再無法為那位開標人辯護了。以後凡謠傳某某主管藉機開標，即使說的是我多年好友，我也只能信其有而不能信其無。無風不起浪的道理，在這裡似乎很貼切。我在公營事業幹了廿七、八年大小主管，有權的或無權的都經歷過，其間我還有幸擔任過規模不算小的電子公司總經理，現在還蒙賜命為某總局顧問，這麼多年來，怎麼沒有人說過我曾經開過標？那不

　　祇是朋友們的愛護，而是我實在沒有幹過這勾當啊！我既沒有私自開過標，也沒有投過標，我過去的事業地位雖不足以光宗耀祖，但這一生的清譽是足以面對列祖列宗而自豪的。

　　「開標」── 示公平，杜弊端

　　美國郵局凡事關人事調動，多會有「空缺」產生，此一「空缺」也許無人問津，也許是數人想得，主管其事者為求公平且以免發生弊端，所以必定先公告通知，任有興趣者以自身條件而去「競標」。

　　所謂「空缺」，不但指的是職位，就連班務或休假日之改變也會造成「空缺」，譬如我現在的班務是第三班（下午三時至半夜十一時），休假日是星期天和星期一，如果我有一天因某種需要或其他機會得到一個休假日不同的班務，即使仍然在第三班內，由於我的休假日已改為另兩天，於是我原來的「缺」就「空」了下來，如果此一空缺有數人想要，大家就得投標爭取，人事單

位收到各人標單後，就根據人事資料計算各人標「資」而決定何人得標。

　　起初我對於就連一個班務或休假日的空缺都要投標一點，甚感不解，後來才慢慢瞭解到班務之選擇妥當與否，對於個人的家庭，生活起居，甚至經濟收入都有莫大的關係。就以經濟收入爲例，一個人如果刻意爲了增加收益而選到適當班務的話，他的收入要比不理想的班務強得很多。其問題就出在加班費和夜班費上，依照工會爭取到的權利，每人可以申請加班，一般加班有兩種方式，一是在本身的班務前或後加班兩小時，一是一星期上六天班（即加一天班）。同樣是加班，晚間與白天又有不同，星期日加班更可以比平時的加班多百分之五十的加班費；如果一個人只以金錢收入爲著眼點，設法使他的班務能獲取所有的最佳利益，一年下來，他的收入將比一個一無可取的班務同仁多出許多。像這樣班務，爭取的人一定不在少數，而機會一般說來，只有二十一分之一，一旦出「缺」，就非公開開標不可了。其他有的希望在週末休息，有的希望平日兼差，都有不同需要；但都得根據你的「標資」爲準。通常都以同一等級的資深者優先，像我們還屬新進人員有這樣的班務，也就心滿意足了。本人與平兄雖在同一班裡，但因他的進局考試成績略高，所以他則較我更有機會選擇他認爲理想的休假日，也因此他每週至少可與家人多打一兩次牙祭。或每年向太座奉上一件時髦皮草。

　　如果一個「空缺」無人問津，但因工作需要而須有人填空時，人事室得從每人的志願表（將二十一個可能的班務依照各人自己的願望排成先後次序交人事室存用，似乎每年得檢討一次。除非非常資深，通常都難以得到自己所列優先次序很高的班務）中選擇較適合的人員。至此想起，初入局時，難怪工務經理再三提示，大家要妥善填寫，以維護個人的最大權益。

　　這種投標方式，在標「資」裡面，並不包括工作效率與品質在內，所以不能像在國內的「考核」可以激勵員工工作的情緒與效率及敬業精神，而每次競標只能端賴電腦的指示，決無人情可言。其最大優點是摒棄了人情，克制了「紅包投標」。

【美東時報】

1987-05-04

向中國民航討個公道

金　亮

　　二年前（一九八七），筆者作四十年來首次祖國行，不幸在 JFK 機場華航櫃臺辦理登機手續時，兩張香港上海間之中國民航來回機票隨一只被竊之手提箱而丟失。當時逼於形勢，不得不按原計劃繼續前程；至於那兩張機票，只好一方面要家人向此地中國民航掛個失，另一方面，希望到香港再補購而不要失去座位、耽誤行程。因此一到香港，第一件事，即照著在此間幫忙爲我買機票的晚輩說法，抱著滿懷希望前往中國民航辦理「報失補票」。所以之要「報失補票」，一則可以保有原座位（此點對我非常重要，因我不能因機票遺失而耽誤行程，否則全盤計劃都會受到影響。）另外，按照國際慣例，「掛失」退款係照「補票」價格退還（因爲一般補票都比原票價爲貴）。但當我一說出來意，就挨到一位祖國女同志的一頓官腔，她面帶慍色地質問我，爲何不在失竊所在地辦妥掛失補票手續？現人在香港，且又已時隔數日，誰知你是真是假？因此你要求「掛失補票」

一點礙難照准，至於要到上海的機票則必需重新購買，是否有位，尚待查明。至此，我與內人又頓時陷於霧里雲中不說，但聽說是否有位都成問題，實在驚惶得不知所措！經再三重覆解釋求情，並出示各種證明，請她務必相信我們所言不假。起先她總是無動於衷，後來不知我那一個字眼打動了伊人芳心，她突然纖指一彈，那電腦顯示器上赫然出現了我倆芳名。可是當我倆為所言不假獲得證明而發出會心的微笑之際，那位女同志卻顯得一臉無奈。不料她靈機一動，要我說出失竊的原機票號碼。她以為我機票既已被偷，當然不會記得號碼。她這一著原以為一定可令我知難而退，但她萬萬沒想到，當我逗留在台灣時，家人已將票號用越洋電話告訴了我，所以當我立即說出號碼時，倒令她大吃一驚。然而，經她凝神端詳一番後，突然冒出一句說，這不是中國民航的機票號碼，所以她仍然愛莫能助云云。

此時雖然因手上無票無法爭辯，但已處處顯示我所說不假，同時可斷定中國民航機票號碼之有無，錯不在我，於是更理直氣壯，要求在補買時，請其證明係因原票遺失而補購（如此而已）者。如此僵持許久，終於得到該公司一位女經理（似是處長之類）青睞垂詢，經她一番貌似和藹卻不誠懇的解釋或「宣導」，甚而最後曉以「民族大義」，由不得你不俯首「認罪」，最後又由於該公司認為美國信用卡不可「信」，只好到其隔鄰用信用卡以高利貸以及雙重匯率差額和手續費換得港幣現

鈔，重新購票，以補我們自己的缺。

　　一個月後，回到紐約，得知家人已請出票公司向中國民航「紐約支店」——國風旅行社申請掛失，並早就獲得承諾，如經查明原票在半年之內確未被冒「乘」或冒「退」，則即照數「賞」還。但等時過一年，仍然音訊杳然，此時，承蒙一位極高幹子弟熱心關懷，自告奮勇，先去問國風，國風說中航仍在查，轉問中航，先說沒有掛失號碼無從查起，給了號碼，又叫到國風去辦，再請開票公司與國風交涉，國風總說中航在辦……先以爲該開票公司因懾於國風之淫威，怕國風不供票而令公司關門大吉，故不敢窮追不捨，最近發現他也中了他們的連環計而不自知。祖國啊！華僑辛勤賺錢不容易，請端正一下國家風氣，飭令他們不要再幹不體面的勾當，以維泱泱大國之風！拜託！

【美東時報】
1989-05-07
讀者投書

微生物談政治

── 我寧可染上愛治病‧也不願捲入政治漩渦

鐵　夫

　　本人因不懂「政治」，故生平最怕的是「政治」；一聽到「政治」這兩個字，總覺得那麼齷齪、可怖。在我來說，寧可不幸染上望而生畏的愛滋病，也不願被捲入「政治」漩渦。可是，你越是怕它，越是與它糾纏不清，脫不了干係。除非你生來就居住在原始荒野、叢林，且一輩子不與「人」類所謂的「文明」接觸，否則就休想不與「政治」扯上關係。因為在「文明」世界裡，當你呱呱落地，就已墜入「政治」圈套，而成為「政治」把戲之「玩物」。

　　在這世界上，有許許多多「政治主張」；記載在古書上的不說，現代比較時髦的，就有什麼三民主義（內含民族主義、民權主義、民生主義）、愛國主義、國家主義、資本主義、保護主義、帝國主義、軍國主義、侵略主義、殖民主義、白人主義、法西斯主義、恐怖主義、獨裁主義、共產主義、社會主義、人道主義、吃光主義、

獨身主義、大男人主義、拜金主義、溫情主義…；加上什麼馬克斯思想、孫文學說…，林林總總，不一而足。你儘管可以充耳不聞，卻總躲不過其中之一（或以上）的陰影。在這些「主張」中，倒底孰是孰非，則見仁見智，因各人立場不同而異。一個人可能只在一個「政治」制度下，很幸運地渡過一生；也很可能只在另一個體系下，到死也未曾理解到過他自己也會有「人」的尊嚴，與基本權利。像我，在這方面似乎可說是多彩多姿；我領略過帝國主義、侵略主義和殖民主義，信奉過三民主義，拜讀過孫文學說，苦「嚐」過共產主義；現在正攀附著資本主義，而隔洋觀望著「統獨」連台好戲。

我們對「政治」，既不能躲避，又無選擇餘地。一經投（投胎）到何方，就只好隨著環境逆來順受。然像咱家我，只是五十億隻具有「人」形的微生物之一個，縱然無能耐創造「政治」，也無左右它的本事，但私底下對「政治」有些「好惡」看法，總不該算是自不量力吧。

一生中，因有七情六慾的關係，曾經歷過無數喜、樂、哀、怒的事事物物。總結起來，似以怨恨居多。尤其以對與「政治」有關之 1.日本帝國侵略主義；2.馬克斯所發明之共產主義與；3.無恥忘祖之 X 毒為最。

在現代史上，日寇侵華，是有目共睹，鐵證如山的事實。當年日寇憑著武士刀和鐵蹄，屠殺了數以千百萬計的我中華同胞，將我錦繡河山踐踏得血漬斑斑，打得我全國上下精疲力竭，民不聊生。幸虧山姆姆叔叔賞他

以衛生彈，才得以嚇阻了他繼續施虐。不料，他才從原子彈廢墟中，伸出烏龜頭來，陰魂不散的軍國主義者，居然就在被殺者屍骨未寒，眾多的見證人尚存活於世的時候，迫不及待地想篡改歷史，還血口噴人說，他在我中國土地上發動的戰爭，其錯，並不完全在他，八年長期抗戰中死傷的中國軍民同胞數，說我們也有「虛報」之嫌。他更企圖湮滅南京大屠殺之證據，以期恢復其「像人」的形象。

持平而論，今天中國之尚不能統一與脫離貧窮，完全種因於日寇之侵略，他現既無賠罪之心，也無悔改之意，像我這個身歷其境，記憶猶新的中國人，怎麼不將這為富不仁的鄰邦，恨他到死？。

至於我之恨馬克斯，因為這混蛋東西看到當年的社會病態，蘊育了所謂馬克斯思想，繼而喊出了「共產主義」。先有西方的列寧拿它當利器革了沙皇的命，相繼史大林又利用它，血腥地統治了其本土與諸多鄰國，並赤化了幾近半個地球。中國的混世魔王，雖然並不懂得共產主義之真諦，但見老大哥將它發揮得威力無比，也就向魔宮學習取經，遂竊得了統治十億人口的政權，滿足了群魔的變態野心。

二三十年前，來美做客，天真的美國朋友向我質詢，中華民國為何反共？當時因我不懂政治（現在還是不懂）無法說出令人信服的大道理，只說因為「共產主義走到那裡，貧窮就會到邯裡」。他們聽了，多半聳聳肩，雙

手一攤，大表不以爲然。不過，那也難怪他們，因爲那時的蘇聯正氣焰萬丈、不可一世，誰都認爲那層鐵幕裡是個「天堂」。中國大陸的悲慘情景，偶或從竹幕裡透出一些「敵後消息」，總被「俠義」之士說成國民黨的惡意中傷。即使在尼克森敲開大門，見到滿目瘡痍後，還有人爲它辯說，這種是過渡現象，將來總會有像共產祖國，變成「天堂」的。

不料曾幾何時，就在那「天堂」裡，出現一個手拿紅旗反紅旗的真正反共鬥士—弋巴契夫，他挾諾貝爾和平獎之盛名餘威，不遺餘力地揭開了共產主義的貧窮面紗，證實了我在二三十年前的「臆測」不錯；他也將那橫行於世將近一個世紀的共產主義徹底斷送殆盡。

正當共產主義被「人」類鄙棄，而赤禍漸漸從地球消失之際，在中國大陸，仍有一撮吃到過甜頭的頑固份子，死守著共產教條，要繼續陷中國人民於貧窮。也許有一天他們會醒悟過來，改邪歸正，但是即使他們立即放下屠刀，恐怕我也已來不及見到中國的富強康樂的美麗景象了。這都是馬克斯這混球所害，我當然會恨得他死不瞑目。

最後講到 X 毒，爲我所恨之最，也是人們鄙視之最。

X 毒就是政治理念中的「無恥」之毒，其毒是毒在，明明他體內流的是華人的血卻硬說他並非屬於我類。明明他世代「純」種，卻要自暴自棄，妄自菲薄，認賊作父，而與血緣祖宗劃清界線。他在人前說，人後也這樣

說，甚至心底裡也這樣想。爲要達到其政治目的，即使背上數典忘祖之罪名，也在所不惜，簡直是「無恥」至極。我前面所說，政治之齷齪，大概是莫過於此了。

因爲有此 X 毒在作主導，才使得他所參與的政治主張，顯得那未低俗、乖張，而缺乏氣度。它傷了同情者之心，毒害了他的政治團體，也玷污了政治同僚。這些「忘恥」之徒，所以之令人恨而鄙視唾棄，是因爲他玷污了曾自作多情、視他爲「同胞」的中國人。凡受到這種屈辱，而體內流著同樣血的華人，都會要狠罵他的祖先，說他們子孫怎麼會撒下如此歪種「蛋」來的。

「無恥」之徒們（不承認自己是華人的華人），你儘管「可以」說，你「是」那裡出生的人（甚至可以說是美國籍人）但絕對「不可以」說，你「不是」中國人。那是無法抵賴的事實，不信，你可以去驗「血」，除非你不是「人」。

【美東時報】

1991-05-05

第八篇　以博莞爾

鮮事數則

金　亮

　　人間「鮮」事天天有，唯有這件事似乎特別「鮮」。至少對我來說，都是前所未聞，而今卻是親眼所見、或親自參與的趣事。這些事多少會涉及當事人的隱私，所以絕對不道其姓或名：同時，所幸當事人對中文報章很少閱讀，即使看到也只能一知半解，所以也就減少了一層「傷感情」的顧慮。我之將其記載下來，只是想給讀者分享其「鮮」味，絕無惡意，更沒有中傷任伺人的意思。第二則裡的當事人僅是過路客，他並不反對我為文湊趣，因為在此地他並無熟人相識。

一、為前夫求名醫治宿疾

　　約在數月前，妻突被疑似風濕疼侵襲，天天痛楚難忍，並有加劇之趨勢；雖數度造訪西醫，都未見效果，轉而試訪針灸醫師。經人指點介紹至附近一位頗負盛名的專業針灸醫師處求醫；才去不到二次，痛楚似有減少（其實是心理作用）。時有晚輩少婦陪隨前往，眼見此

情此景，要求那神醫為她扎針減肥。經數次「投資」後，妻的酸痛雖尚未根治，但那位少婦卻自稱腰圍似乎有些縮水現象，使得這位從小在國外長大的華裔晚輩，對我祖國文化之博大精深嘆服不已。她在興奮驚喜之餘，卻想起那已經與她仳離了的可憐 X 丈夫。她念及那位 X 先生與她在一起時，總因有宿疾而不「歡」而「終」，（至此才猛然想起，這對「理想」的鴛鴦為什麼要勞燕分飛了）。仳離後，她已再嫁生子，那位 X 先生卻仍然孤家寡人一個。彼此雖並不相往來，但伊人對他還有幾絲關懷。X 先生之宿疾是否導致他們仳離的原因不得而知，但當她理解到中國針灸能治疑難雜症時，惻隱之心油然而生，便要為 X 先生治好此一「暗」疾，以享後福。這還真印證了中國俗語「一夜夫妻百年恩」的道理呢！

　　其 X 先生是位正人君子型的好青年，對於 X 太太所表關懷倒表示欣然接受，甚至順從，但起先似乎很不願意自己找上門去，後來在其 X 太太大力慫恿並親自陪伴之下，半推半就的就了範。這位熱心的 X 太太為了陪伴護駕一位「男士」求醫治「暗」疾，似乎很難向那位也是國人的針灸醫師作自我介紹，幾經向老妻討教，也說不出一個所以然來，當時我只是一個「旁聽生」，當然未便表示意見。後來是怎麼應付這個尷尬場面的，我不便、也不願詳加過問。據說經過幾次針灸後，X 先生覺得精神要比以前好，但那宿疾治癒與否則未見告知。尤其令人納悶的是，其有效與否，又是如何加以「證明」

的？實在不宜打破砂鍋去問到底。

　　各位看官，請不要以爲我在替那位「神醫」做廣告，更不要循此叫我介紹，因爲我要堅持那「西洋鏡」不介入是非的立場。何況老妻的酸痛最後並不是由這位「神醫」袪除的。

二、人找東床，他嫁丈母娘

　　最近再度奉派到中部某大學去受訓，在住宿處遇到一位由大陸派遣來的年輕工程師。因爲他來自故鄉，幹的又是同一行，彼此用母語（上海閒話）說行話，才三言兩句就投了契。雖然這次我在那裡才住了十來天，由於我們談得來，常在課餘之暇，泡生力麵、談山海經。他給我帶來許多故鄉音訊，他講的一些四十年來的老故事，在我聽來卻都是消息，每件事對我是那麼陌生、那麼新鮮。從他的談話間，我感到在我離開的這四十年來，一切都變了，變得與我的距離越來越遠，越生疏。但是他說，如果我記性還強的話，我青少年時代到過的地方，至里巷住宅，肯定還能輕而易舉地找得到。因爲這個曾經享譽世界，在亞洲堪稱最繁華的第一大都市，這些年都沒有像其他世界大都市那樣添置過一件新裝，只是老得更顯得舊了、破了。

　　因爲我們都講滬語，在溝通上倍感方便且親切，因此常用上海「閒話」「閒話」家常，交換意見。有一天，我爲朋友請托他物色一位來自大陸的東床。他在此地雖

然是人地生疏的過客，他還是欣然答允，當時他取下了生辰八字，說要見機行事。約莫不到兩天，他對我為友物色女婿一事，提出一個相對的「條件」─為其岳母找個婆家。

　　那是我結訓前的一個晚上，他突然光臨我處（因他一人住一個單位，比較寬敞，所以平時都是我到他那裡去的），他說：「咱們雖然萍水相逢，初次見面，但一見如故，談得如此投緣。既然彼此坦誠相見，已無所不談，現在不怕你見笑，你老哥在為朋友找女婿，我卻要為我的岳母大人找位老伴」。起初，我以為他在戲謔說笑，後來聽他將故事娓娓道來才知道他還真是一位孝順的有心人。他鄭重其事的出示了他那標緻丈母娘的相片，我也認真地記下了生辰八字（其實只是些簡單的資料）。接著二人為他「嫁丈母娘」忍不住大笑一陣。臨走時，還向我千拜托萬拜托，像父親在托媒嫁女兒那樣認真、急迫。

　　兒女為自己寡母物色老伴，似乎時有所聞，但是女婿要將一位離了婚的岳母嫁出去，在我倒是第一次聽說。不過，此事雖屬稀見，甚至不可思議，但我仍舊極願做這一件勝造七級浮圖的善喜事。因為，如果我也能藉此為一位在亂世之下受害者盡一份力量，豈非一樂也。

三、為儂幸福・坦誠相告

　　此事之發生，距今雖已四十個年頭，然而因其原來

的「鮮度」濃郁，似乎餘「鮮」猶存，現追憶寫來，博君一粲。

　　我與林君（非其真實姓名）自中學、大學一直同學，繼而為友，至今已有四十三、四年。最近十年來因各自為生活奔波忙碌，鮮少往來，不知其近況如何？自中學以至大學畢業，我倆非但同窗共硯，尚有一段患難與共的經過，所以我對其青少年階段一些往事仍歷歷如繪，記憶猶新。

　　記得抗戰勝利翌年，我與林君一同從初中進入某校中技科高一時，在商科一年級班上有位李姓女同學，生得臉蛋秀麗，雙眸明媚，楚楚動人；凡自覺有「資格」之男同學都要不禁對她多瞄幾眼。這位女同學雖不能說是水性楊花，但那些冒牌空軍（頭戴航空帽，身穿卡其裝，腳登大皮靴，還配上一副金光閃爍的太陽鏡）的男同學，總是要比我們容易接近，而得到她的青睞。在學校裡，凡有李女參加的任何活動，凡我男生無不趨之若鶩，競相參加。本來，青少年想與比較美麗的少女多接近，似為古今中外人之常情，當然我也不願歸屬為「例外」。殊不知那位長得也不算差的林君對此卻無動於衷，凡有李女在的場合，他都不願意出現，令人十分詫異。雖然我數度引誘，仍不見他願與我們同流，起先，他推說忙於功課（每學期每門功課都是第一名，的確很用功），而對此不感興趣，到後來乾脆表示厭惡甚至憎恨，使相識多年的同學，我，不由得不為他的「人性」擔憂。

自此我就不斷探究其原因，並注意其「個性」之發展，一直到第二年，他胞弟（其胞弟與我同學在他之先）也進入該校時，才將此謎底揭開。原來林君與李女雙方家長有通家之好，在他們雙雙進入該校之前，已經爲他們定了親事。難怪，既是未婚夫妻，誰又願意任自己的未婚妻總是被視爲惹蒼蠅追逐的目標呢？林君既然是爲了吃醋而發酸，我再不杞人憂天再去爲他的「人性」去庸人自擾了。

　　林君對李女是一往情深，關愛備至，處處爲伊幸福設想；李女也由於禮教束縛，與林君總還維持著情侶關係。但在骨子裡，李女之對林君總不及那些「制服」畢挺的美少年來得好，她似乎總有一股力量在不斷掙扎擺脫；這也是林君與我相偕到台灣去唸書時，引以爲憂的最大心事。初到台灣時，林君爲博取伊人歡心，以維繫情感，將每日一信列爲必修日課，同時爲表心跡，事無巨細，必做詳情報導（要不是他成績優異，難免因此擔誤課業）。林女方面，雖未將回信列爲日課必修，但倒也能維持魚雁往返。如此這般，一年下來倒也相安無事；可是在這一年間，在台灣發生了一點「小」插曲，卻成了他一年後的「大」變故。

　　話說一九四七年間，台灣才光復不久，生活普遍清苦，學生宿舍尤其簡陋；男生沐浴洗澡的地方，是一間裝有許多蓮蓬頭，卻無間隔的大統艙。由於大家都是同窗好漢，故亦毫無遮攔的坦誠相見，個人形體之肥瘦，

胎記暗痣，無不一覽無遺。日子一久，大家難免對他人的「天體」評頭論足，開開玩笑。其中一位高年級學長見林君老實可欺，常用碗筷比喻其天物之小。起先只是互相戲謔調侃，無人注意，但日子一久，次數一多，那位學長之譏評卻引起了林君的刻意留心；尤其在寒假期間學校不供熱水，而用冷水沖涼時，更覺得學長所言不虛，自己也越看越有問題，漸漸有了不如人的自卑感。但其他的同學並未感到有任何異狀，照常互相吵鬧戲嬉；一日深夜，我發覺他凝重頹喪，由於我是其多年同舟共濟之同窗好友，當然要問其原因何在，期能分憂。他先告以已經數週未見李女來鴻，托其家人打聽，又似無異象，實在令人納悶不已。我問他最後的一封信所言何物，他支吾其詞，吞吞吐吐；經我一再追問，他才說他在上封信中「不過」是將那「不如人」的事告知了李女「而已」。他老兄此言一出，差點沒有將我氣昏倒！當時真以做他的朋友為恥，以他年年得第一名的大學生，怎麼會做出如此光怪離奇的荒唐事？簡直是個書呆子。尤其對這種尚無「國家標準」的事物，怎麼也不應該是一個讀工程的人要拿來做參考的！接著我告訴他，要他死掉這條心，不要再希望她有回信了，我敢斷言，他們這門親事就此壽終正寢了。

　　關於他的傑作，他倒也有一番感人的說詞，他說，他對她愛情至深，自信定親以後就深愛著她，她雖然比較活躍而令人頭痛，但對她的愛將永世不渝，時時刻刻

都在爲她謀求幸福而努力。如今將此事據「實」相告，也就是要向她表示愛的純潔而不自私，沒想到....講到傷心處，他居然掩面嗚咽起來，我實在不忍心再目睹一這位傻得如此可愛的好友爲此看不開而走上絕路，就急忙安慰他說：老兄天真失誤，又何嘗不是塞翁失馬焉知非福呢？李女既然要以「此」作爲把柄，離你而去，總比將來在婚姻上鬧成悲劇收場爲好」。他聽我言之成理，倒也及時開竅釋然，從此再不爲此煩惱，並且也恢復了信心。林君後來來到美國，在中部某頗負盛名的大學獲得學位後，爲西部某領導工業賺了不少錢。非但結了婚，生了子，而且還有過兩任太太，據知他現在生活美滿幸福。至於李女是否有追求到更大更多的幸福，因爲那年接著大陸變色，斷去音訊，而無從得知。不久前林君返滬，是否曾經鴛夢重溫，待我有機會再去問他，也許又有了更「鮮」的奇聞也說下定。

　另記：那位喜歡戲弄逗趣的高年級學長，在他們斷了音訊後不久，因他案而遭到整整十年的牢獄之災，難道他真的因此而傷了陰德不成？

【美東時報】
1087-06-29

最短篇
—— 包　裹

鐵　夫

　　在偌大的甘迺迪機場航空郵件處理中心擔任技術員，主要任務是使各種機器不停運轉。當輸送包裹之機器被卡住時，尤其要及時將障礙排除，否則堆積如山的包裹就無法繼續處理。

　　一日，為要到達機器上方排除障礙，他不得不在各種包裹上面踩過，雖聽到腳底下陣陣玻琍碎片聲，仍像平時一樣「心狠」，未予理會。然在下來時，嗅到一股醇酒芬芳，不禁回頭瞟它一眼，但也只能搖頭嘆惜，算它「時運不佳」。

　　二日後，郵差按鈴，送來好友自別州郵寄來的包裹一個，乍看之下似曾相識，再看那「水漬」未乾的外表，又聞到猶存的酒香，啊！那個包裹……

【世界副刊】

2002-08-22

第九篇　遊蹤萬里

祖國受難記（上）

—— 「華僑，討人厭的冤大頭」

金　亮

　　親愛的僑胞們，我寫這篇「華僑，討人厭的冤大頭」，一方面固然要發洩積壓日久的鬱悶之氣，主要的還是要敬告各位浪跡海外、寄人籬下、同是天涯淪落的人們，小心你們做了冤大頭還要討「國人」的厭！

　　國父孫中山先生之國民革命、推翻滿清，海外「華僑」貢獻之大，是中國近代史上鐵的事實。打從國民政府成立以來一直稱謂華僑為革命之母，就足見華僑之愛國、護國，非但從不後人，更不輸於「國內人」。可是「祖國」的「新社會」趕走了「舊時代」後，由於「舊時代，」有與「海外」牢不可分的「關係」，在國內凡是有「海外關係」的家庭，如果不想誅連九族，滿門抄斬，就得與海外「劃清界限」，分明「敵」我。由於所謂「華僑」就是居住「海外」的華人，就因此成為國內避之不及的「瘟神」。因為華僑被貶為帝國主義的「走狗」，在國內被視為人人可以喊打的過街老鼠，他們在

國內的親人也就變成見不得人的黑五類，而被打入人間
地獄，過著暗無天日、且不能抬頭的非人生活，這也是
中國現代史上最悲慘，且血漬斑斑的一頁記載。

　　所幸這個陰曹地府般的世界，終於在一九七二年被
山姆叔叔進去探了險。我雖然不喜歡尼克森對當時台灣
一千七百萬和旅居海外的千百萬中國人所受衝擊與震撼
於不顧，但對他敲開那三十年密不通風的陰森鐵門，而
給那些正在水深火熱、生死邊緣掙扎的十億中國同胞帶
進了一線曙光，卻是由衷的感佩。對整個人類，尤其對
中國人來說，尼克森之當天降落北京（當時我正出差在
美，從電視上看到了此一歷史鏡頭），其意義之重大與
深遠，遠超過阿姆斯壯之跨上月球。阿姆斯壯月球之旅
所見的，只是些科學家們早就預測到的坑坑洞洞，尼克
森所見到的卻是十億中國人正在垂死掙扎，而外人難以
得悉的情景，他也給住在海外的中國人能有機會看到了
他們的親人正在那裡受煎熬，同時也讓深居魔宮的牛鬼
蛇神們眼睛一亮，發現了海外尚有千萬隻可以烹而食之
的帝國主義「走狗」。於是一夜之間，凡有「海外關係」
的黑五類，沒有死的，不需要投胎轉世就超生了。凡是
與海外有「關係」的統統變成了統戰的尖兵，凡能得到
僑匯的就有種種的優待，能夠將「華僑」親人招魂回國
的，更是至少家裡可由公家主動來整理粉飾，充一下場
面。在華僑方面，因為與家人隔絕了三十餘載，無不思
鄉心切，紛紛設法搭乘探親列車。尤其年事稍高者，希

望能在有生之年還能返回到那生於斯長於斯的故里,去看看那些現尚倖存、且自己所認識的親人,那些有尊親仍在人間者,更是迫不急待地,儘早去見那可能是最後的一面。

　　大家都知道,這三四十年,在國內的親人都過著貧窮的日子,尤其有「海外關係」的親人們,非但挨過餓,受過凍,都還受到喪失人性尊嚴的屈辱。當歸國探親的華僑終於等到這天來臨的時候,無不想盡辦法,給那些可憐的親人們或多或少的補償。當然,金錢與物資是用以作為補償的最佳代表。因為這些金錢來自國外,當屬外匯,物資當是品質優良而國內買不到的舶來品,非但是我們的親人所渴望,也是「祖國」所求之不得者。外匯可以充實國家外匯存底,那些用不到自己外匯去換來的洋貨,也可提高人民生活水平。政府為鼓勵華僑之愛國愛家,而使對金錢與物資之方便「輸入」,給授受雙方設置了許多優待的辦法。金錢方面有僑匯優待,物資方面有免稅進口措施,僑胞「歸國」必經(以前)之地的「香港」有專設機構 ── 中旅負責為僑胞供應所謂「三大件、五小件」免稅進貢品。屬於大件者還可以代為運送,購者只需憑單到目的地領取即可,近年來,在華僑較多的,如紐約地區,還設有類似中旅的「貢品」供應站。凡不擬在香港停留,或不經由香港之歸國華僑,要買小件者就可以在僑居地購買隨身攜帶,大件者也可在此買到香港中旅的「提單」。如此「服務」的確給僑胞

帶來莫大的方便，更造福了更多在大陸上的「僑眷」。

僑胞們常年寄人籬下，辛勤打工所得並不見得個個富裕，但一見可以回鄉見親人，而能對親人們在物質上有所補償的，無不甘心情願地傾囊採購，所以在曼哈坦就有好幾家這類應運而生的「供應站」，而且無不生意興隆，利市百倍，因爲他們的確給「進貢者」帶來許多方便。我去年首次回鄉在總共用了的上萬美金（在大陸上，這固然是個驚人的數字，在我，也是辛苦「返工」所積下的血汗錢）中，接受這種供應站「服務」的，就佔了相當重的比例。

這類服務在表面上是一種加惠於「華僑」的措施，但其真正目的以及執行者的心態，則有待僑胞們自己去揣摩。我無意危言聳聽，而使授受雙方受到影響，更不願使華僑的愛國情操打折扣，只是想用以下我所遭遇的「禮遇」經驗，要同是旅居海外的「華僑」有個心理準備 —— 當人家說你討人厭的時候，千萬不要生氣、認真。

我去年與老伴返國探母，隨身行李，包括手提箱在內大小一共有十件之多，其中許多都是購自上述的「服務站」，有「多少」「什麼」東西已不復記憶，但我記得曾去過三處這樣的店。我要帶的「大件」不多，只有彩電兩部，和電子琴一台，因爲其中 XX 技術社貨色比較全，這三件東西就是在那裡買的「提單」。在買大件提單的時候，就發現有兩種不同價格，一種是爲歸國「華僑」的，另一種是爲公務出差，或留學生學成歸國人員

的，其差別有一二成之譜。所以之有此差別待遇的理由，似乎說來很堂而皇之，振振有詞，但細想起來，出此構想的祖國官老爺顯然對「華僑」有所「歧視」是毋庸置疑的。另外在這些服務站採購時，那種氣氛也令你感覺到「華僑」都是發橫財致富的瘟生，去買貢品時，自己好像以待罪之身，有求於他們的味道，他們在「指導」你的時候，還要帶上三分「教訓」的口吻。因為他們比你清楚你的親人會要些什麼，既然你要想將錢用在刀口上，聽幾句「訓」，打從心裡還有三分感激之意，所以對他們那種「文明」禮遇倒也不十分介意。

可是我的問題不止在此，而是我在紐約登機前遭到扒竊（損失財、物數千元，由於那三大件的提單也「隨箱而去」，為了掛失取回應得的貨款，觸怒了美 X 技術社的唐姓女士，導致她罵出「華僑最討厭來」的「心裡話」。

【茶餘飯後】

1989-01-19

祖國受難記（下）

金　亮

臨登機前之失竊，當時那付狼狽慘狀，差一點毀了我計劃多時的探母前程，後來既然發現尚有繼續行程的條件，爲不要讓家人在我到達時因爲見不到渴望已久的彩電與電子琴而大失所望，特在深夜竊後登機之前，關照兒女們次日一早就去專爲「歸國華僑」作供應服務的 XX 技術社將被竊之彩電等提單掛失，同時從新以現款購買新單，希望趕在我到達之前寄達上海。（至於香港與上海間之兩張來回機票則囑咐他們到開具機票之 X 風旅行社去掛失，待我到香港時再以現款重買）孰料當兒女照著我的意思去辦理時，卻遭遇到十分的困難。

以現款購大件提單當然不成問題，但掛失時卻要我女兒出示「原」單號碼，那豈不是和要北半球的六月瓦上霜一樣難嗎？我女兒百般忍耐，幾經交涉、好話說盡，才看在「再買」的份上，找出底冊接受掛失，並承蒙經理開恩，允在影印本上註明接受掛失，同時在再懇求下，加注：如經調查，在半年內確實未被領去，則即按其公

司規章退還貨款云云。這第一步的成就，得來可真不容易，但還算圓滿。等六個月時間已過，我並沒有指望他們會「自動服務」到家，當然由我自行主動催詢；幾經電話找那經理洽談，總說「經理走開」，如此次數一多，倒蒙接聽者垂詢找經理有何事？每當我答以半年前提貨單掛失事，必會聽到一番「從頭說起」的「訓詞」（意思是從新開始再等六個月再辦云云，他們根本懶得去查明此案已在六個月前掛失過）而總無進展。不得已，為恐口說無憑，只好又以書面交涉。掛號信寄出後很久仍無音訊，再以電話追蹤，終於幸運接上那位經理。承告信已收到，其手下已為我「盡了多大多大努力」（似乎要我感恩叩謝），現仍在全力查詢，要我耐心等待佳音。一「等」又是數週過去，仍舊毫無音訊，再經追蹤，居然告如香港中旅傳真電示稱，其中一件已在上海領走云云，大有要我知難而退，甚而結束此案之意；誰料我對此消息感到十分興奮，因為我想，既有人領取必須憑護照才能領得到的物品，此賊就難遁形，竊案之偵破也就指日可待了。於是立即寫信要上海家人前往查詢；數週後得家兄來信稱，經費煞周章，托人開了後門才看到該站記錄，上面似有已被領的字樣，但又含糊不清，語意不詳，要求查閱底冊則未獲准許云云。得知消息後，急忙再電 XX 技術社，在數次經理「走開」後，由一位似乎經辦此案的唐女士對話。據她說 1.某經理已離開公司，有事找她也一樣；2.已查明上海彩電仍未被領走；

3.得香港「中旅」電傳指示，從今年二月起凡顧客掛失，可與香港方面聯繫辦理，此案以後就與該「直接」買賣的 XX 技術社就無關了。這三點，她答起來稀鬆容易，並有事已擺平的意味。但對我而言，顯然陷入更困難的處境，原來那位經理雖老是「走開」，且並不真心為你服務，但對起話來比這位唐姓女士要有禮數得多，且總能留些迴轉的餘地。另外令我困惑的是，為何對那「已被領走」的「不確」報告不曾有交代？更令我不解的是，中旅要旅客直接向香港辦理掛失的指示遠在我掛失「六個月以後才告訴我」，為什麼在我已經花了九牛二虎之力，且辦得將有「結果」的時侯，將我推開，要我無頭無腦地重新和那買賣不相干的、卻遠在香港的中旅辦交涉？實在百思不得其解。再三在電話中與那姓唐的女士對談，在對方不可理喻的「解釋」下，只好忍住氣向她要求以 XX 技術社名義給我一個書面答覆與指示，以便據以向中旅交涉，當時該女士對此「要求」大不以為然，最後在她勉為其難地連說了幾個「好了」「好了」聲下掛斷電話。時隔三天，倒是接到該社發出的一封信，但拆開一看，除一張香港中旅某經理名片之印本外，竟然僅是我所掛號寄去的原函與相關資料，且在上面既無收件文號與日期，更無主管人員之批示與辦理情形，或任何足以證明是由該社退回的記號。該社居然沒有給我片紙隻字的「指示」或說明，我不知如何著手向香港中旅「交涉」，只好硬了頭皮再請該女士行個方便。該女士

拿起電話一聽又是我，就說此案已經全部退回，已與該
社無關，再沒有理由要其函復云云。我再三說明，如有
其覆函，向香港中旅辦理時就可省掉許多「口舌」。她
在無以作答的情況下，不知何故問我是否「華僑」，當
時我以為已有善待「華僑」的轉機，當然連忙據實相告
── 我是，誰料她突然拉開嗓門對她辦公室用上海話大
罵：「華僑最討厭來」。我當時給地突如其來的一聲怒
吼，怔得我不知所措，她非但罵了我個人，還「討厭」
了所有「華僑」，不知是前面有「華僑」招惹了她，害
得我也挨罵，還是我的不知趣害了所有「華僑」，促使
她將一直悶在心裡的「華僑最討厭來」的話脫口罵出。
我這個向以為人師表的花甲老人經她一聲「討厭」，並
將我的「華僑」群體都包括了進丟，實在心有不甘，連
忙問她憑什麼要「討厭」？何況你們是以服務「華僑」
才有薪水拿的，何以「華僑一如此之討你厭？……我的
這幾句話講完，不知她聽到沒有，但只聽得卡啦一聲，
害得我在電話機旁楞了半響，心想兩個彩色電視機和一
架電子琴平白無故地泡了湯，算是孝敬了「祖國」不說，
還受了這莫名的屈辱，實在傷心得欲哭無淚！待我稍作
鎮定清醒過來後，思想應該向他們經理投訴一下，至少
有個可以討回公道的可能。當我戰戰兢兢（因為怕接電
話的還是那位女士）撥通電話，對方接電話的居然就是
我要告訴的對象 ── 即是以前她們一直不讓我直接通話
的新任經理林先生。他為唐姓女士隨口罵「華僑」表示

歉意，也答應由該社給我復函，但仍要我直接和香港交涉，否則會拖延更久，於是就此結束了怒後對話。經過長達數月之久的糾纏，該拿的錢沒有到手，卻惹得一肚子氣，我一個人挨了罵不說，還殃及所有的池魚——「華僑」，實在於心不忍，也心有不甘！一日，向一位「極」高幹子弟，我在此間高中的同事訴說此事，他聽後也極為氣憤，並為顧及「祖國」顏面，自告奮勇要為我解決此事。並建議，如果經他交涉仍無結果，就以「華僑」身份照僑居地的辦法訴諸於法云云。那知在我數天興奮之後，他卻也鎩羽而回，然後很誠懇地勸我乖乖照著他們的指示，重新直接向香港中旅交涉，也許還有拿回這筆錢的希望。至於我想向中國使領館投訴，指望向那罵人的唐女士討回公道一事，他卻給了我會「知難而退」的答覆，他說凡是能「奉派」到「國外來為「華僑」「服務」的，都不是省油的燈，他極力勸我從心裡忘卻此事，以免氣壞身子得不償失。同時他又認為，反正她罵的是所有「華僑」，並不是指著鼻子罵你個人，何不向阿Q看齊？

　　既然「祖國」的高幹子弟都已如此之說，也只好認了，好在低頭「認罪」的對象是自己的「祖國」，「天下」沒有不對的「祖國」，且只好在睹氣不睹財的大前題下，立即寫信向香港中旅「請求」「恩賜」，可是將所有相關文件以掛號寄出後，事過一月有餘，卻如石沉大海，音信杳然，在老伴百般責難譏諷（怪我小氣，不

該為省下十來塊美元而未以雙掛號寄出，人家藉口打馬虎眼……）聲中，剛巧有位同事要到香港一趟，不顧得他是否能抽得出時間，急忙備妥所有資料印本，請他攜往「中旅大本營」去查個究竟。結果，在二星期後，當他一回紐約立即從電話中向我傳來凱歌，並承告，當他前去查詢時，發現支票已經開發多日，但為何仍在卷宗中睡覺，他未敢多問，至於為何不給回信更是未便多嘴，恐怕節外生枝。現在這張近乎連哄帶「搶」得來的支票已是兌現了，但花了將近一整年的時間，和九牛二虎之力，並未將那股鳥氣出清。

另外那遺失的兩張機票，據說負責開票的旅行社雖然當時已向 X 風旅行社（其實就是中國民航的櫥窗）報失過，但仍在戰戰兢兢地不敢向「祖國」的「聲威」挑戰，查個究竟。

僑胞們，希望挨罵的冤大頭只有我一個人，但仍請務必謹防那些你我都出錢來餵養的瘋狗反咬一口！

【茶餘飯後】
1989-01-21

鼻酸吃蟹在大陸

金　亮

　　我向來就喜歡吃蟹，什歷蟹都吃，我雖然不是叫化子，在我眼裡，就連死蟹也是隻隻鮮的。結婚卅五年來，老伴縱然稱不上蟹痴，但仍不失爲我的同志；她吃蟹也沒有多大的挑剔，只要是蟹，不管是洋澄湖的，或是馬利蘭的，她都喜歡。要不是怕蟹老是欺她螯住不放，恐怕會天天買生猛大蟹來烹而食之。我們吃蟹不講場合，不論季節，更不必要在賞菊對飲的時候，隨有隨吃，肥的固然是好，碰到瘦的也不嫌棄。

　　現在我因爲正在爲去年作四十年首度返國探母寫遊記，日前剛寫完乘飛機、越大洋、回祖國、過中秋，慶團圓，吃螃蟹的情景（從吃蟹鼻酸，寫到「我與蟹」的回憶），且又值吃蟹時令，於是一時興起，即刻整理節錄此一「蟹」「文」以饗讀者。也可以說借題發揮：

　　前面已經提過，在成行前之數月，曾開過一張菜單回家，其中共有卅七樣希望能在返鄉期間吃得到的東西；有離家四十年來再沒有嚐到的，有在台灣或美國雖

買得到，但其味不夠道地的，有只有「本家」才會烹製的，有僅想藉以回憶「當年」或向老伴「誇耀」的，當然也有真正要解饞的。有幾樣不在時令，而仍舊明知故犯地列入菜單中者，實在只是表示我的「真想」。這些菜中，大多數都不是昂貴的「山珍海味」，但不同的蟹類倒佔了三味。一道是道地的搶蟹，一是在台灣和美國從未見到過，而在二十五年前在日本橫濱遇上過的蟛蜞（來自大陸祖國），另外就是大家所熟知而都想有機會大快朵頤的大閘蟹。

因為我童年住在鄉間，離開海邊漁市碼頭比較近，在記憶中，做搶蟹的梭子蟹（因為兩頭尖，故也稱之謂尖子蟹）和一簍筐一簍筐拿來賣的活蟛蜞，是普通而「平民」也能「買」得起來醃製的海產。至於大閘蟹就不是一般人能隨便買來吃的，同時時令也比較短，所以在秋菊盛開的季節吃大閘蟹，只是城裡人一種時尚，如係來自洋澄湖的肥蟹更是大家所趨之若鶩的。鄉人也知道重陽蟹肥，但從不捨得拿辛苦收穫的五穀去換取一隻遠從外鄉販賣來的肥蟹。像我們在秋天要吃蟹，就在夜間到田野溝渠用燈籠去引幾隻類似大閘蟹的來應景解饞。但不是每次都有斬穫，更不是家家都有男孩子可差遣抓蟹，同時不見得人人都對此有興趣。後來住在上海，每當時令，總會吃上幾次，雖然不一定是來自洋澄湖，但總是肥壯的美味大閘蟹。浪跡在外的這四十年間，在台灣後期，偶而也吃到「空運」來台的大閘蟹，但多數在

擺闊的台面上，平常像我這樣的公務員，拿薪水來換貴似黃金的的橫行爬蟲隨便吃，會感到心痛肉也痛。同時在台灣吃起來總覺得還不如台灣當地所培養的「蟳」那麼鮮美，我想是因為這些嬌客經過了長途跋涉，不再那麼「生猛」的關係。近年在法拉盛也曾數次循廣告前去「開洋葷、吃大蟹」，可惜都撲了空。這次，四十年來首次回故鄉，正值吃蟹時令，且又身懷「美鈔」，同時由剛回美的同事口中得知，現在上海大閘蟹難求，必須先定；所以先來個「吃蟹預告」，我想應該並不為過吧？

在三個多星期中，一共吃了三次大閘蟹；在家裡的兩次（係由家裡的職業廚師自己烹調），內人都刻意多放點錢，交代多買一些，好讓四代老少能一同享受「蟹味」，每次為吃蟹回家時，一進門，桌面上已放滿了大盤小盤，紅得令人垂涎的大閘蟹。但等著「陪」我們的人，總只佔全家人口的少數，當我大聲邀請大家，一道來啊」時，不論老少甚至孫輩「自然而輕鬆地回答說，因為坐不下，所以他們先吃過了；還不時向我們「勸蟹」。老母親因為知道從「美國」回來的媳婦喜歡吃蟹，老是揀肥的往她面前放，自己雖然也吃得蠻起勁，但總是因著孫子為她敲鉗（螯）而「故意」沒有多大進展，另外從桌上所放這些有肥有瘦，有大有小的情形來看，他們也許真的吃過了，但吃的絕對不如我們的大而肥，甚至根本只是沾到蟹腥而已。天哪，我們的嘴是解了饞，但卻酸了鼻。

　　第三次吃大閘蟹，是在從北京回上海。那是自重慶特地趕來與我們見面的連襟（和他的太太，我的大姨子）在揚州大飯店請客；像他一位靠退休金度日的「洋琴鬼」（小提琴手），請客吃頓飯已經不容易，居然還上了大閘蟹。席間一共十人，一個偌大的盤子中間整整齊齊豎立著六隻還不如蟹殼黃燒餅大的「大閘蟹」，看著那既小又瘦的樣子，真想留給畫家當寫作「靜物」算了。但主人卻連連催促，不斷在「假洋鬼子」面前為祖國橫行霸道的傢伙做宣傳。由於我與內人是主客，如果再不動手，就顯得卻之不恭：在女主人先取一隻作示範後，我倆也只好各取一隻。在鄰座作主要陪客的大哥目睹場面如此尷尬，急忙以「羅曼蒂克」為由，堅持要和嫂子合享一隻；其他兩隻則由四個下一代晚輩去品嚐。至於男主人則是一副忙於分配的帥勁，筷子晃來晃去，只沾上了一點蒸蟹的湯，內人雖向以好蟹見稱，但想到從小手足情深，闊別四十載，也至少有四十年從未見過蟹形的親姐姐，情不自禁地，將她的一隻撥到姐姐的盤子上，也戲言說是要和我合吃「鴛鴦蟹」。當我們撥開那軟綿綿的蟹殼，而發現一苞黃水時，心理真為東道主叫屈，也埋怨他們不該將我們贈送給他們的「洋錢」來上這個「洋當」！不過看到大姐那麼如痴如醉，恨不得連殼一起吞入，而大過其癮的樣子，又覺得這盤蟹吃來就是再貴也是值得的。

　　生活於富庶且自由世界的人，對於以上吃蟹的故

事，也許只是感到，今天大陸上蟹少、價貴、寒酸、貪婪、嘴饞而已，決不會想到這裡面含有無限的辛酸與悽慘。這四十年中，有一段很長的歲月，祖國的同胞吃飯要糧票，穿衣要布票，炒菜用油要油票，蔬菜排隊有限制，豬肉要配給，魚蝦一年難得見，山珍海味更是有錢買不到。這次我們挾持著「美鈔」優勢，能在「自由市場」裡預先買到幾隻大陸同胞早就遺忘（年輕人恐怕根本不知為何物）了的大閘蟹來解饞，怎麼不叫那些曾經嚐到過，而四十年再未聞其味的人，不那麼圓瞪了眼，口水直流呢？尤其對於那些明明想吃得要死，卻強裝不在乎的人，是何等的殘忍啊！若我在這種場合還能說是吃得很「開心」，那一定是個天大的謊言。

這些年來，大閘蟹不是爬到深似海的侯門裡祭了王孫公子的五臟廟，就是橫行到港、台甚至美國報紙的廣告欄來爭取外匯，就連以前在鄉間常用臉盆盛來吃的黃魚，也趾高氣揚出國放洋，或只有特權階級享用了。

所點的三道海味中，當然以大閘蟹最為鮮美，沒有想到三次品嚐，一次比一次心酸難受，還一次又一次地撩起國人長期以來不堪回味的痛苦往事，至今想起來心裡還好像在被大閘蟹的大螯鉗著不放。

蟛蜞，是一種長才一兩吋的小蟹，在某些海岸的沙灘上才有，因為無肉可吃，從未有人去用科學漁撈法來大量捕捉。同時因為它體型小，既無肉可剝，又無膏可挖，王孫公子不與民爭，經濟學家也不拿它去換外匯，

所以一向都是近海鄉民們得天獨厚，而無人爭奪的「海味」。不過如果有一天顯貴們飢腸輾轆，而自貶身價去咬一口剛醃製不久的蟛蜞，且嚐到從肥壯結實的體內擠出的黃濁鮮汁時，那近海居民恐怕又會遭到連蟛蜞都沒有得用來下飯的厄運了。我對蟛蜞向來獨有所鍾，四十年前離鄉背井後，時時刻刻都在注意「外國」蟛蜞，人家到海灘趕時髦享受日光浴，我卻總是要注意一下有沒有泥螺或蟛蜞，可惜這次在上海因為季節不對，飯桌上既然未見到，我也沒有追問原因。

梭子蟹，在現在的上海似乎還是此較容易買得到的海產，這次倒吃到幾次，蒸的炒的都很肥美。我所指的道地搶蟹似乎因著時代的「進步」則未見上桌。倒是老母親不顧大哥嫂勸阻（為她健康著想），用塑料小罎子所做的下飯鹹蟹被我偶而發現，以後不管早、中、晚，只要在家裡吃飯，總會開一下這個寶罎。當夾到蟹殼，必將兩尖頭裡面黃橙的蟹黃挖了再挖，最後還要情不自禁地送進嘴裡含一含。當拿到一隻小腿「實際上除大螯外，它是最肥粗的，只是因它與大腿遙遙相對，所以常淪為老么），將那上面一飥從身子上扯下的肥肉往嘴裡一送，更會不由自主地閉目吮上一陣。

因為老娘親還健在，卻已年高八十有餘，我們計劃每隔一年回去一次。下次回去只是探母，再也不開什麼菜單而自討沒趣。若要吃家鄉味，恐怕紐約比自己家鄉還來得容易。雖然價錢貴一點，又誰教我是「美國人」

呢？既是「華僑」就該爲祖國送點外匯回去。你坐飛機
回去吃，和他們用飛機送來給你吃，還不一樣？只是在
國內的諸親友「想吃」，就得望洋興嘆了⋯⋯

【茶餘飯後】
1989-03-16

還我刀來

鐵　夫

　　我是個從祖國旅遊回來不久的美籍華僑。在「六‧四」過後才三個月就毅然作大陸之行，對祖國雖稱不上雪中送炭，但在西北的一個數以百計客房的高級賓館裡，我夫婦倆佔了當天租出的七個房間中的一個，說不定在玩數字遊戲時還會起點作用。當然，在美國同事中我是贏得了「勇」者的頭銜。

　　「故里探親了宿願，絲綢之路西遊行」是我遊罷回來，爲照相錦集封面，自擬的標題，以說明此行的主旨與範疇。在三星期的絲綢之路的行程中；一路上雖遭到，或見到許多「爲民服務」的單位或「官員」作出令人作嘔、有欠文明的「禮遇」與惡行，由於旅遊社陪同人員之使出混身解數，忍氣吞聲地照單吸收了去，總算沒有直接反射到同行者身上；大家既然未感到切膚之痛，能忍就忍了：當時還堵住了「以後不敢再領教」的眾口怨言。

　　總的來說，因爲當時正處於「六四」後的旅遊低潮，而氣侯又值金秋季節，若只以「愛滿旅遊社」的口號「一

了宿願」為目標，此行尚算得上是愉快之旅。可惜，當我倆在北京首都機場登機飛上海時；在陪同人員難以兩頭兼顧（一方面送原團乘國際航班返紐約，一方面送我倆離京飛上海）情形下，發生一件極不愉快的事。此一臨去秋波，對我在物質上的損失，計算起金錢來微不足道，但在精神上所受的虐待與屈辱，實在使我難以平服；尤其此事發生在全國的首善之區，使我對祖國的一片熱誠，從頭涼到了腳。現在我所以之要投訴「告狀」，實在還是存有一份企盼之心，希望各級領導能以諒察到，這是一個普通流行的典型例子，現在居然在一國之京城也會發生；試想在天高皇帝遠之處，倒是一幅什麼景象？當然也希望各級領導飭查此案，「還我刀來」，以表示國家紀律之嚴明。

現將經過情形詳述如下：

在新疆諸多紀念品當中，帶鞘而做得珠光寶氣的小刀「是遊客喜歡買幾把留作紀念，或贈送友朋把玩的。無論在吐魯番，或在烏魯木齊（迪化），賣小刀的攤位還在導遊手冊中列為觀光項目之一。我們既然已經不遠「萬里」而來，見到如此可愛的紀念品，幾乎出於情不自禁地買了一些。買的時侯沒有任何人提醒我們說這是「兇器」，我們也只視之為紀念品。雖然如此，當我們乘坐飛機時，還是將它們放在托運行李中，以避免被視為「隨身兇器」；一路上也都順利「過關」，從來未有人過問。沒有想到在離開「絲綢之路」旅遊的最後一站

（北京）登上飛往上海，且仍爲國內航機時，給我們留下至今尙揮之不去的醜陋印象。

在行李交運前照例要經過安全檢查，經檢查安全無慮後，由「安全」人員加貼封條，再由旅客搬至櫃台過磅交運。此一措施原來爲的是旅客安全，人人都得遵守，無可厚非。當我們的行李通過關口後，一位風紀扣不扣上，歪戴帽子的小伙子，兇巴巴地，直接了當指著我們要寄運，卻已上了鎖的三件行李問：「裡面有沒有刀子」？我們不願欺瞞，當然據實相告，的確有購自新疆的「紀念刀」。只見二三個一起執行「公務」的青年相互使個眼色，要我們取出「刀子」來，我們頓時感到十分爲難。因爲我們一共有一、二十來把這樣的紀念刀，非但不知那一個箱子裡有幾把，更不知在箱子的什麼位子，實在不是容易伸手就拿得出來的，若真的要全部取出來，勢必會將塞得滿滿，且好不容易綑紮好的行李攪得天翻地覆而難以收拾。所以就試著提醒那位「長官」，這些是托運行李，是否可以免除將這些「非炸藥」取出亮相，但他卻一臉鐵面無「私」的表情，只好碰運氣，先打開其中一個可能性比較大的箱子。總算運氣不錯，順手摸出了四把比較小而是有皮鞘的。他問還有嗎？當然還有，再在另一頭又摸到四把，他們一見這四把金光閃爍，煞是可愛，拿在手上端詳半天，似有愛不釋手的神情，他沒有再繼續要我拿出其他的，卻頭也不抬地說，這是「武器」必須「扣留」。我們急了，連忙試著和他講道

理，他卻出示他的名牌，以「安全」人員的身份來威脅
我們。他實在理虧講不過我們，就請來一位女「領導」；
原來以為「領導」一定講道理，那知這位女「幹部」更
狠，她表示：「私帶武器」的「罪名」可免於追究，「兇
器」非「充公不可」……，一聽之下，這嚇人的「反動
帽子」非同小可，弄得不好，「人刀俱留」非但當天見
不到老娘親，還要勞動美國大使館出面「保釋」就事態
嚴重了，連忙求情放行，這夥「官員」見我倆是花甲之
年的華僑，又如此「哀求」，倒也動了惻隱之心，為表
示「祖國」之寬大為懷，准予發還四把，其他的必須留
下「意思意思」，以便「交差」，但要「留置」的四把
恰是我們最心愛的。我們一見他們還存有一絲「愛心」，
就得寸進尺動了貪婪之念，對他們說，既是「意思」，
就請留下兩把小的來「交差」。其中一小伙子見我膽敢
討價還價，頓時惱羞成怒，非但不准我所請，還要收回
成命，將八把刀全都「充公」。正在相持不下之際，旅
遊學院的導遊先生因不放心，正好抽空前來探視，見此
情景，也幫我們說「理」求「情」，卻遭到那位「安全
官」之怒目相向。不過，導遊雖也弄得灰頭土臉，「安
全官」見他來到，倒底有點不好意思，故意大聲嚷嚷：
「已發還」他們一半了，還要吵什麼？我們正要說明爭
執原因時，他卻順手將那愛不釋手的四把給了我們。由
於起飛時間將到，在導遊先生深表歉意的勸慰下，匆匆
將行李綑好，向他們索取了一張極不願給的收據（如附

圖），繼續拖往櫃台去交運。就在短短幾分鐘內（從檢查台到櫃台）又發生兩段插曲。

第一：因過於忙亂，臨走時老伴遺留了一個手提袋在運輸帶上，等回頭去取時，只見大夥正在得意洋洋把玩那「充公」來的「兇器」。他們發現內人在無意間看到他們正玩得起勁，其中一位很不高興地對內人說：「看什麼？你是否嫌充公得太少了？」真令人哭笑不得，恨得牙發癢！

第二件：當我們好不容易將行李拖到櫃台前交運時，卻遭到櫃台人員的訓斥，問我們檢查過的行李，怎麼沒有「安全封條」？這才發現檢查人員只顧到「耍」我們的「刀」，卻忘了在「檢查」過的行李上加「封條」。只好又拖回去「請求」賜封，他們見我們兩個老人已折騰得筋疲力竭，為表示他們的「仁慈」，看也不看地，左手為我貼上封條，右手仍在把玩著「刀子」。至於我們有否從箱子裡將足以「劫機」用的兇器，或手槍拿出來變成「隨身攜帶」，大概忙著玩刀，並未警覺，當然也未過問。卻給我們對他們的「安全」任務，留下一個大問號。

【美東時報】
1990-02-19

神州之旅

── 荒涼寂莫的「陽關」

鐵　夫

　　在中國，被稱爲「陽關」的地方有好幾處，但真正以「關」而聞名者，則是本文所提，筆者前往訪古尋幽過，位在今甘肅省敦煌縣西南，而王維詩句「西出陽關無故人」中所指的「陽關」。

　　我們一行十二人，由敦煌乘旅遊車，駛向富饒之鄉南湖時，四週景色瞬息萬變。極目天涯，雲山浩渺，大漠蒼茫，薄霧輕風繚繞飄拂；瞻望曠野，逶迤猗側的茆巒平崗和莽莽盪盪的流沙礫石，環抱著一塊塊墨翠欲滴的綠洲。而凸出地平線的紅山峽、窟窿山則閃爍著妃色的光芒，與巍峨挺拔的陽關峰燧相映成輝，猶如瀚海高原突起的海市蜃樓，呈現出一派崢嶸奇殊，光怪陸離的塞外景緻。可惜所配備的攝影設備，不能將那五彩雜陳的山脈忠實地顯現出來。

　　「陽關」，位於敦煌城西七十公里的「古董灘」上，因地處玉門關以南而得名。早在公元前一二一至前一一

一年，西漢王朝爲了抗擊匈奴，經營西域，在河西走廊設置武威、張掖、酒泉、敦煌四郡，同時建立了陽關和玉門關。

　　陽關作爲通往西域的門戶，又是絲綢之路南路的必經關隘，故戰略地位極其重要，今關北殘留一道長城防線，每隔十餘里又有烽火台，而經古董灘，出紅山口，北上一百二十五公里，便達玉門關。陽關附近山勢險峻，地形複雜，嵯峨兀立的龍勒山猶如屏障。相傳，從前有一匹龍馬，朝發咸陽，暮及邊關，轉戰一生，殉難在此，留下寶勒，化作雄峰一座。而關城西北數十米深的古河床「西頭溝」又是天險危地，大有一夫當關萬夫莫開之氣勢。

　　晉朝時，在此設置陽關縣，唐以後逐漸廢棄。陽關附近，是山洪必經之地，隨著世遠年湮，流水沖擊，風蝕雨浸，關城破敗，城垣滅跡，故歷史上有「陽關隱去」之說。今日我們所能憑弔的卻只是「陽關故址」石碑一塊。在其附近，倒有今人所建，而有人看守的房舍一排，外面還掛有某某官署的木牌，是何名稱已不復記憶，好像是什麼文物陳列館之類的，其中所陳列的盡是在陽關當地出土的古物，它也有收繳遊客所拾獲之古物的任務。

　　雖然無情的歲月和暴虐的風沙吞沒了昔日的城池關府，卻掩埋不了「古董灘」遍地的文物和流傳在人們口中的傳說。當遊人來到墩墩山下，或信手拾到一兩件古玩，立刻會確信「進了古董灘，空手不回還」的民謠竟

並不荒謬。可是連年來從四面八方擁來的訪古觀光旅遊
者已搶先了一步，我們僅僅撿到遊客所丟棄的野餐雞骨
頭一根。倒是同行紀老，與該館的負責人攀上交情，從
陳列品中獲贈了兩枚刀形古錢。當他在回程的車上私自
向我展示時，真是羨煞我也。

　　當我們站在「陽關遺址」石碑旁，舉目向西望去，
真不知那片浩瀚的沙漠是否有盡頭，盡頭那端又是何
方？難怪自古以來，陽關在人們眼裡，總是背井流離，
荒涼寂寞的代名詞，尤其唐代大詩人王維的《渭城曲》：
「渭城朝雨浥輕塵，客舍清清柳色新。勸君更盡一杯酒，
西出陽關無故人。」更是淒清悲惋。

世界日報
（上下古今）
2008-8-25

衣　戀

── 一件「你不能穿的」茄克

鐵　夫

　　今年，紐約春天來得特別遲，卻老是陰陽怪氣見不到三日晴；這幾天天氣突然放晴，氣溫居然比幾天前相差三四十度，有時甚至會高達八十度之譜。這使我們老人出門時，在衣著方面要多加注意；我連忙找出一件已經擁有十三年的茄克來對付，同時亦勾起我得到這件茄克的往事。

　　那是一件黃色尼龍面的薄茄克，質地不怎麼樣，但看起來倒蠻起眼的。那年才穿了短短幾天，曾引起許多同事、朋友的注意；當他們得知了價錢之「平」，總難免追問我買自何處？因此我為在那裡所付出的「代價」，將同樣的故事「購衣記」說了一遍又一遍。

　　八七年，作四十年來首次歸鄉探母旅行，正好時值中秋前後，在上海也正是需要這麼一件「白天不嫌多，晚間不嫌少」的茄克的時候。於是在祖國物質「最豐富」的上海，趁著要回顧四十年前市景之便，決意買它這樣

一件。在南京路和淮海路上，的確商店林立，貨架上的貨物雖然不能和當時的台灣相比，但在貧窮了四十年的「祖國」，大概算是充裕的了。難怪，無論是政府宣傳，或是親友誇讚，都一致要說上海是理想的購物處。

一路走過一律「公營」的「商店」時，只見店裡萬頭蠕動，一副生意鼎盛的景象。我為要買這件「便衣」，也和家人不時地鑽進人群中去，想能「隨便」「挑」一件來「應時」。當我每到一處，不論店面是大是小，或者貨物屬於衣物還是鞋類，裡面都是看的人多，買的人少。雖然「顧客」盈門，卻很少看到「同志們」在為偉大的「人民」服務。店裡貨物商品都擺得整整齊齊，有條不紊。

顧客只能「看」，不能「摸」；只能「目測」，不能「手挑」。店員們都背對著顧客，三三兩兩竊竊細語，或指手劃腳高談闊論。由於他（她）們沒有「看」，當然就沒有「見」到那些走過櫃檯想買東西的成群顧客，難怪生意「清淡」得使他們「不得不」去「KIll」（殺）人民用錢雇來的「服務時間」。偶或有真想購物者，必須站在櫃檯前耐心地等待他（她）們的「青睞」，否則就要自討沒趣。

我千里迢迢，乘坐飛機而來，時間「寶貴」而有限，不容許我有閒去「指望」

他們「望」我一眼，陪我們在一起的家兄不敢開口，我卻不能過於緘默；不過，我總低聲下氣，以極為禮貌

及非常尊重他（她）們的口氣與態度上前喊聲「同志」，同時「請問」……，家兄見我開了尊口卻總得不到回音，不得不仗著我這「外國人」的氣勢，拉開嗓門，對著不管是男是女喊聲「師傅」。這聲「師傅」一喊，倒真得到了令人受寵若驚的反應。這一效果之產生固然可能是因為「師傅」比「同志」時髦的關係，但真正的原因絕對是因為家兄的大嗓門，才將他（她）們從夢中召回；否則不會拉長臉瞟了你一眼又回過頭去繼續他們的「重要會談」了。每當我一見她們向我拋來勾魂的一眼時，連忙抓住機會，打恭作揖，賠上笑臉去「請問」可不可以看看這件衣服時，他（她）們就連頭也不回一下，大聲對著牆壁說一聲「你不能穿的」，當然不會問你是自己穿，還是為別人買的。

　　起初我倒不十分介意，入境隨俗，就應該知趣地縮回頭走路。但如此這般走了三五家，東西沒有買到不打緊，我的自尊甚至人性受到難以形容的屈辱。正要放棄時，信步走到一家大門上高掛「文明單位」的百貨店，一眼望去，就看到這件「黃茄克」高高掛在貨櫃上方，因為它的顏色與款式倒蠻吸引了我的注意，於是下定決心作最後一次嘗試。進得門去「行禮」如儀，反應也是「你不能穿的」。就在剎那間突然福至心靈，心上一計，當她說「你不能穿的」時，我連忙接說「我就是要這一件」。因為我眼見價格如此便宜（以黑市算才美金三元不到）即使真「不能穿」也損失不多，何況還可以贈送

別人穿用。所以當時心一狠，硬著頭皮說「就是要這一件」，此計可真奏效，當我此話一出，那位女師父不得不「回顧」一下，在百般無奈情形下，用叉子將這件黃茄克叉下往我面前一丟，連正視我一下都未捨得，就回過頭去繼續她的話題，而任憑我自己試穿，因爲沒有鏡子只好假藉在旁老伴眼力作爲「鏡子」，試穿之下發現正合我身，也稱我意，這是我始料末及的。唯我對於那夾裡有點厭多，正猶豫間，發現一件上面掛條說明適合中老年人穿用，而是全單的。我既然已是老漢一條，而現在又有此選擇，乾脆請他也取來給我一試，當時暗忖如果適合，兩件都買也無妨。當我一提出此要求，她倒認認真真地正視著我 —— 怒目圓瞪。一瞬間，大概他見我確是一位花甲老人，而又像來自番邦，倒表示可以「幫忙」，不過將原來那件「黃茄克」在沒有徵得我同意下就疊得整整齊齊放進櫃內，再用叉子將那件適合老漢穿的灰色單茄克取下給我試穿，她沒有料到這件對我也並非你不能穿，而且更爲合身，可惜當我試拉拉鍊時，其頭已與布料分離，在我向他報告而表示不能買下之前，心裡著實掙扎一番，心想如果爲此挑剔而交易不成，不知會遭到如何的待遇，但是總不能憑白吃下此一明虧，只好眼睛一閉直衝著她說不能要，也同時立即感到山雨欲來之勢，情急之下連忙指著給他已經放進櫃台裡的黃茄克「說」我就買這件吧。

　　現在，我翻箱倒篋找出來穿的這件祖國產的黃茄

克，就是這樣用「代價」買來的。

【世界副刊】
2003-06-19

第十篇　街頭巷尾

電話喀喀作響

── 風聲鶴唳，疑心生闇鬼

鐵　夫

　　老伴是位虔誠的基督徒，既信神，當然也承認有鬼；但她從不怕鬼，因她深信，神總是守護著她，而不會讓鬼得逞來侵犯她的。然而，當大白天一個人在幽暗的地下室洗衣服，卻不時聽得電話分機無緣無故地喀喀作響，心裡總不免有點發毛。

　　我們住的是獨立屋，前後有院子，樓上樓下加上地下室一共有三層；白天大夥兒上班，只剩她一人在家。因她要上下打理，二對電話線在各層樓的每個房間裡都裝了電話分機，以免她因接聽電話而上下奔跑。另還裝有無線分機，以備她在院子工作時接聽之用。其中一號是撥號式的，當其正機或分機任一個撥號時，其他的都會喀喀作響，這是正常現象，不足為怪；但當屋裡只有她一人在，而無他人用電話時，仍會不時響上幾聲，再憶起早年看過的聊齋故事，不由得毛骨悚然。

　　起初，當我晚間下班回家談起此事，因我從未親身

經歷，總說她出於神經質的幻想；直到一天，我因病在家，下午時分，坐在一起看電視，突然幾聲「喀喀」響，我連忙應聲前去拿起電話，一切又變得毫無異象。我的「驚異」表情，證明了她的「不假」，更增加了她的恐懼感。

憑我從事電話工程將近三十年之資歷，老伴對於我的「權威」解釋──電話局的機線串音關係，倒也不再存疑，倒是我自己愈想愈不對勁。因為以我對美國電話品質之信賴，應該不致有如此嚴重的串音才對，況且一到晚間家裡人多時，它就不「敢」再響，即使是出身學工程的我，也百思不得其解！但為「壯膽」，只好用騙老伴的理由，也將自己騙了好一陣子。可是時至上星期，另一種神秘怪聲，卻把我嚇得幾乎跪地求神給我智慧，去解開這個謎。

那是我公休的一天下午，老伴在樓上將首次寄放在我家的一歲大長孫女哄睡，她自己也因疲乏不堪而昏然睡去，我則在樓下餐桌上整理稿件。無意間將監聽器（平時老伴在樓下做事，可以監聽到孫女在樓上或地下室睡覺的情形）打開，只聽到冷氣機聲中夾雜著隆隆鼾聲，證明祖孫二入睡得正酣，我就安心偷閒做點事。約摸不到一刻鐘光景，從監聽器中突然傳來娃兒哭聲，我不忍心老伴被吵醒，趕忙要自己去哄孫女再睡，正起身，卻聽到老伴習慣用於哄小孩睡眠的搖籃曲響起（通常只要祖母一哼搖籃曲，輕拍幾下，孫女就會乖乖再睡去）以

為老伴既已被吵醒，我也就坐回原位繼續工作。過了好一會，小孩哭聲雖已停止，但監聽器中之聲音越來越大，卻嘈雜不清。當時覺得非比尋常，馬上上樓探個究竟。躡手躡足推開房門，只見祖孫二人各睡一床，老伴繼續在打鼾，孫女正在睡夢中微笑。我以為是當我上樓之「際」，老伴已將孫女再哄睡，而自己也又回到夢鄉去了。

帶著三分懷疑，將房門輕輕掩上，回到樓下，誰料走近監聽器一聽，非但裡面傳出歡笑聲與音樂，還摻雜著談話聲，只是模糊不清，聽起來好像來自外太空。立即再返身上樓看過仔細，進門一看，她們仍然沉睡如前。此時恍恍惚惚，以為發射機已被移至地下室（有時孫女睡在地下室比較涼快），那裡也許正開著錄音機，所以才有此聲音傳來。可是經上下奔跑，查看結果，發射機確實是在樓上，旁邊的錄音機也並不在轉。然而餐廳的監聽器卻仍在繼續傳來陣陣「不速」之音。……這下我真害怕起來了，我不敢叫醒老伴，以免她受驚，我只好關掉那監聽器，但求神保佑我那正在別州參加基督教 CONFERENCE 之兒子和媳婦；我怕那監聽器裡送來的是什麼「奇異」訊息？愈想愈是惴惴其慄！

一齣鐘過後，孫女仍在酣睡，老伴則已醒來下樓。當我將此事告訴她，起初她只是信疑參半，然在再打開監聽器發現「餘音猶在」時，她也不禁懷疑起上帝為何允許魔鬼來糾纏我們？

百般無奈之下，關掉監聽器，各做各事。突然間，

我倆同時聽得娃兒哭叫，聲音很小，且並非來自已關著的監聽器，那一定長孫女醒了，我倆不約而同衝上樓，一看，孫女還是安詳地睡著的。這一下，我倆嚇得臉色發白；默默下樓，對坐發楞，再也無心做事。將正清到一半的稿子推到一邊時，在沉寂的氣氛中，又加上電話機的幾聲「喀喀」響，使得整個屋子更加籠罩在風聲鶴唳草木皆兵的恐怖中。

　　不一會，又聽到微弱的幼童哭叫聲，這一次不再那末敏捷，經仔細傾聽，其中似也夾雜有歡笑。連忙將監聽器打開，裡面的聲音居然是同一來源，只是監聽器裡的聲音要大得多。循聲搜索，探頭往後院望去，只見後院對著我家後院的那家老夫婦，也正在含飴弄孫。雖然因距離較遠，聽不清楚他們在說什麼，但將監聽器移近一對照，監聽器發出的聲音和他們的舉動完全吻合。同時那位老先生手拿著電話無線分機，也正「哈囉」個不停。　　芳鄰之未將監聽器隨手關掉，害得我們一時疑心生闇鬼，但也解開了我們長久以來電話喀喀作響之謎。

　　　　　　　　　　　　　【美東時報】
　　　　　　　　　　　　　1990-08-26

生活的小故事

—— 心不安、理不得

鐵　夫

　　因在法拉盛基督教信望愛社區服務中心，義務教授「中文電腦輸入法」，常有許多講義要送到 41 RD 一家韓裔開的複印店去加印。由於是常客，往往只要將原稿丟給店員，等會或隔天去取件時，通常他們已裝釘並包裝好，我儘管照單付錢拿了就走，從來不查對印品或帳目是否有誤。

　　一天，送去許多文件，要請他們複印並裝釘，約定次日去取。因印的量有整整一個紙箱之多，以估計大概要付一百一二十元之譜。但次日取件時，那女店員祇收了我八十多元，我對只要這麼少的錢有些懷疑；但只見她向我拋個媚眼，揮揮手叫我拿走；我自作多情以為她是給我特別優待，就帶著她給的清單，抱著整箱印品上車回家了。

　　在回家的路上總覺得我佔了非份的便宜，或其中必有錯誤；回到家打開整理時，從她給的清單上果然發現

了錯誤；其中有幾項，她將數量乘以單價所得數字後面（小數點前）的 0 一律去除，例如：22x5=11 等（這是美國教育的典型敗筆），以致在多個項目加減之間，少收了我三十來塊錢。

起初，我有要將這筆錢還去的衝動，但一想，這錯不在我，我沒有拿去還的必要；同時還想到，假使拿錢去退，萬一給她老闆知道了，那豈不是她要被炒魷魚，而害了她嗎？我有這冠冕堂皇的理由作藉口，於是就自我安慰、洋洋得意地將這三十元留了下來，想第二天與老伴到狗不理去吃頓肉包子。但是始終心裡感到沒有平安，連晚間睡覺時，也會有這檔子事在腦際浮現，同時不時地為如何花掉這筆錢而盤算。

次日，帶著撿到便宜的愉快心情，將前一天印好的講義送到信望愛服務中心去；到達時，中心門前剛好有個停車位，而在計時錶上還有二十五分鐘的殘餘時間；當時我只想在裡面花上二十來分鐘就可出來，這樣又可省掉一個夸脫來餵計時錶，感到十分得意。

將講義放妥後，又和長老談了一些有關中文電腦班的課務事宜。不知不覺間，時間已經過了二十五分，應該立即去開車；然而，看看手錶才過了一兩分鐘，想大概不致那末巧，會吃到罰單，所以還慢條斯理地與長老道別。誰料，當我走近車子一看，擋風玻璃上竟夾著一張還帶有熱氣的超時罰單，上面圈的罰金是二十五元。

要被罰金，真是十分懊惱。我教課是義務，不要錢

的,現在還要從腰包拿出錢來繳罰款,怎麼叫我不鬱瘁?
但想到,昨天撿到那三十元便宜,一直感到心裡不安;
大概老天就用這種方式拿去這筆不該屬於我的錢,而叫
我心安。

　　祂幽默地留了不到五塊錢,給我倆老吃了一頓泡麵
加滷蛋。因不要再為出去吃包子而傷神,也不必再為那
撿到的便宜感到不平安,當天寄出罰款支票後,晚上就
睡了個安穩甜蜜的覺。

【世界日報】
1998-04-18

街頭巷尾

── 一街兩式

鐵　夫

　　從牙買加乘四十四號公車回法拉盛，發車不久就可轉入主（緬）街的南端。然後沿著緬街一直開，就到達法拉盛北端的市中心，它的終點站。

　　從長島公路到其南端，這一段是我退休前每天前往甘迺迪機場郵局上班時，最喜歡走的路；因為從緬街切入范威克高速公路，很少會遇到塞車之苦。

　　十年如一日，我在這條路上走了整整十個年頭，平常大概因趕路上班關係，對路旁的景色從來未曾投以「關懷的眼神」，沒有注意到每天有什麼變化，更不覺得有什麼新鮮之感。

　　可是今天當公車一轉入緬街南端，只見一片安謐景象，不禁使我懷疑起，這是不是以前所走過的緬街？難道我才退休四年，發生了什麼巨大變化不成？

　　那是艷陽下的晌午時分，街道上車輛安靜順暢，不見喧嘩嘈雜；但見兩旁人行道的樹蔭底下，三五成群佇足輕聲細談；男仕一律黑色禮服大呢帽，女仕則身穿華

麗衣裙；青少年們：男的，穿戴和他們父親一樣，顯得彬彬有禮，溫溫儒雅；女的，則打扮成窈窕淑女，端莊大方；穿著亮麗的孩童在旁戲喜，有遮陽蓬的手推車裡的娃娃，帶著絲絲微笑睡得恬逸。整個街坊洋溢著一片祥和氣象。

看到的是好一幅安謐和諧（PEACE AND HORMONY），令人稱羨的美麗圖畫；正當自問是否在夢幻中？公車卻在主街上行駛了三四個站頭後，街景突然像電影鏡頭般一變，那幅美麗景象消失了。

我猛然意識到，原來今天是星期六，猶太人的安息日，剛才經過的正是所謂的猶太人區。我也真正理解到，以前在美國，凡在各界有成就，或在學校出類拔萃的，多姓 COHN（猶太姓）的道理何在。

公車開離猶太區不久，雖不再見那賽似仙境的美麗圖案，但馬路上還算安靜；那因為一邊是紐約市立大學法學院，和我曾服務過的約翰勃恩高中的校區；另一邊卻是偌大的一個先人們長眠之所，在星期六中午時分要熱鬧，當然也熱鬧不起來了。

車子再往北，一過長島公路，進入法拉盛範圍，尤其從圖書館到羅斯福大道這一段，則景象完全不同。街道上熙熙攘攘，人們個個腳步快速，在為著生活忙碌。從南端駛進，原來好像沒有啦叭的車輛到了這裡，也會響了起來。行人道上林立的攤販和鼎沸嘈雜的叫買聲、還價聲，使老友偶遇想佇足寒暄，都得大聲嘶喊。

　　我好奇，為什麼今天比平時更熱鬧，哦！原來也是因為星期六週末的關係。

　　從二十年前十個行人中黃皮膚黑眼珠的只有兩三個，而眼前已是六七成中國人的街景來看；顯然我又被帶回現實，回到紐約第二大的中國城了。也不禁想起近年在參加兒女畢業典禮，為何當司儀連續唱出，CHAN、CHANG、CHEN、CHENG……或 YANG、YIN、YIP、YUAN……等華裔姓氏時，會引起哄堂大笑；因為不論在授與學士或碩士乃至博士學位，甚而受獎人的名單中，他們的名字總是一串串地被唱出。

　　由此可見，我們華人已經在此佔了一（大）席之地。

　　長久以來，凡算盤打得「精」或小器刻薄的華人，常被國人喻為「猶太人」。

　　其實，居於亞洲極西端的猶太人和位於最東頭的「猶太人」，都是絕頂優秀且堅忍不拔的偉大民族。現在卻分別居於同一條街的南北兩頭。只是中國「猶太人」在精神文明的建設方面尚需加把勁，不要再在日常生活的行為方面顯得過份「猶太」。也不要讓「主街兩頭」的「猶太人」過著兩種截然不同的星期六。

【世界副刊】
2002-10-06